教会の政治
キリスト教会の礼拝

吉岡　繁
Shigeru Yoshioka

一麦出版社

再刊にあたって

　敬愛する吉岡繁先生が逝去されてから一年が経とうとしています。御遺族の願いにより、このたび、『教会の政治』と『キリスト教会の礼拝』を合本として復刻することになりました。既に両書とも絶版となって久しい書物であり、必要とされる方たちはコピーをするしかありませんでした。どちらも、わたしたち改革派信仰に立つ者たちにとっては必要不可欠な本です。吉岡繁先生のお働きを記念して、復刻されることを神に感謝し、ご遺族の志を主に感謝いたします。

　吉岡先生は、1923年11月1日に神奈川県でお生まれになりました。お父様は、日本基督教団鎌倉雪ノ下教会の牧師の松尾造酒蔵先生です。牧師のご家庭にお生まれになり、幼い時から聖書に親しんで成長されました。1943年、東京帝国大学に入学されますが、その年の10月には学徒出陣となり、戦地に赴くことになります。そして、11月には吉岡千代さんの養子となられ（夫愛さんは、1938年に逝去）、吉岡姓を継ぐことになりました。敗戦後、復学され1948年に東京大学文学部国史学科を卒業されます。その後牧師への召しを与えられ、アメリカのウェストミンスター神学校に留学され、1953年に同校を卒業し、道子さんと結婚され、日本キリスト改革派仙台教会牧師として赴任されました。仙台ではさらに、東北大学大学院でも学ばれ、博士課程を修了された後、1967年から1975年まで神戸改革派神学校校長として、奉仕されました。実践神学を担当され、その講義からこれらの書物が生まれたことと思います。

　その間、日本キリスト改革派教会の大会でも指導的な働きをされ、そ

の実践神学的なパースペクティブのもとに記された大会創立20周年宣言の主筆として奉仕をされました。20周年宣言の礼拝の項目には、「教会の生命は、礼拝にある。キリストにおいて神ひとと共に住みたもう天国の型として存する教会は、主の日の礼拝において端的にその姿を現す。わが教会の神中心的・礼拝的人生観は、主の日の礼拝の厳守において、最もあざやかに告白される。神は、礼拝におけるみ言葉の朗読と説教およびそれへの聴従において、霊的にその民のうちに臨在したもう」と記されています。ここには、後に『キリスト教会の礼拝』で展開される吉岡先生の礼拝学が簡潔にまとめられています。

　1975年に神学校校長退任後、再び仙台教会からの招聘に応じて1993年の定年教師引退まで仙台教会牧師として奉仕されました。そして2017年1月26日に逝去され、主のみもとに旅立たれました。93歳のことです。吉岡先生の世代の方たちは戦前、戦中、戦後と激動の時代を歩まれ、青春時代は戦争の時代でした。その時代を生き抜いて、生ける神に出会い、献身され、生涯、神と教会のために尽くされました。先生の残された書物を通して、わたしたちはなお学びを重ねていきたいと思います。

　次の世代の者たちが、実践神学の領域においても先生の著作をさらに展開しなければなりません。しかし、まだ十分にその責を果たし得てはおりません。先生がご存命であれば、復刻版ではなく、誰かが新版を記せばたりるとお叱りを受けたかもしれません。今一度、これらの著作を学びなおし、いつの日にか天の御国で先生にお会いする時までその責任を果たすことができたらと願っています。良書の復刻を喜び、重ねて主に感謝いたします。

　　　主の2018年1月
　　　　　　　日本キリスト改革派船橋高根教会牧師　　小峯　明

目　次

再刊にあたって　　　日本キリスト改革派船橋高根教会牧師　小峯　明　…… 3

＊

教会の政治

   はじめに …… 15

  I　見える教会 …………………………………… 17
  1　見える教会 ……… 17
      聖書的用語 17
      エクレシアの用法 18
      見えない教会と見える教会 19
      見える教会の構成員 20
      見える教会と救い 21
  2　制度としての教会 ……… 22
      制度としての教会と有機体としての教会 22
      中世的な制度的教会への道 22
      ルターとカルヴァンにおける制度的教会 24
      近世における反制度的教会運動 25
      聖書における制度的教会 26
  3　見える教会の同一性 ……… 27
      教会の同一性の根拠としての恵みの契約 27
      律法以前の時代 28
      律法時代 28
      イエスと教会 30
      新約時代 32

4 見える教会の一致 ……… 33
　　旧約における教会一致　34
　　キリストにおける一致　35
　　キリストのからだ　36
　　教会一致と教理　38
　　教派と教会一致　39

II 教会政治の規範としての聖書 …………………… 41
　　ウェストミンスター信仰告白 第1章6節　41
　　教会政治における「事情」　41
　　演繹による教理　43
　　長老政治神定論　45

III キリストの教会主権と教会権能 ………………… 47
　　キリストの王権　47
　　キリストの統治権能の委託　48
　　教会権能の所在　49
　　教会権能の性質　50
　　教える権能　51
　　治める権能　52
　　仕える権能　53

IV 教会政治 ……………………………………………… 55

1 長老主義の三原則 ……… 55
　　長老たちによる統治　55
　　教職の平等　56
　　教会会議の段階的構成　59

2 教会政治の諸形態 ……… 63
　　分類　63
　　教職位階主義（ヒエラルキー制度）　63
　　ローマ・カトリック教会　64

　　　　ギリシャ正教会　*66*
　　　　聖公会　*67*
　　　　領邦教会主義　*68*
　　　　会衆主義と長老主義　*70*

3　**教会職制**　……… *72*
　　　　教会職制の根源　*72*
　　　　職務と賜物　*72*
　ⅰ　特別的臨時的職務　*73*
　　　　使徒職　*73*
　　　　預言者職　*74*
　　　　伝道者（エバンジェリスト）職　*75*
　ⅱ　通常的恒久的職務　*75*
　　（A）「治会長老」　*77*
　　　　長老職の起源と歴史　*77*
　　　　治会長老の職務　*78*
　　　　治会長老の資格　*81*
　　（B）教師　*85*
　　　　教師と長老　*85*
　　　　教師職の起源についての通説　*85*
　　　　教師職の独自性を示す聖句の解釈　*87*
　　　　教師職の起源と長老の概念　*92*
　　　　教師の職務　*93*
　　（C）執事　*94*
　　　　執事職の起源（使徒6章）　*94*
　　　　執事の職務　*97*
　　　　執事の資格（第一テモテ3章8–13節）　*98*
　　　　婦人執事　*99*

4　**教会会議**　……… *101*
　　　　長老主義政治における教会会議の種類と原則　*101*
　　　　教会会議の権能　*103*
　　　　教会会議と会衆　*104*
　　　　各教会会議の任務　*105*

各個教会の自治権　*105*
　　　上級会議の権能　*106*

V　戒規　……………………………………………………………… *107*

1　戒規（デジプリン）の聖書的概念　……… *107*
　　　旧約における戒規　*107*
　　　新約における戒規　*108*
　　　戒規の神学的概念　*109*

2　教会の戒規権能　……… *109*
　　　エラストス論争　*109*
　　　旧約における教会と国家　*112*

3　旧約における教会戒規　……… *116*
　　　「民のうちから断たれる」　*116*
　　　シナゴグにおける戒規　*118*

4　新約における教会戒規　……… *118*
　　　マタイによる福音書 16 章 19 節　*118*
　　　マタイによる福音書 18 章 15－20 節　*119*
　　　戒規と罪の赦し（ヨハネ福音書 20 章 21－23 節）　*122*
　　　戒規の目的　*124*
　　　　（1）コリント人への第一の手紙 5 章 1－13 節　*124*
　　　　（2）コリント人への第二の手紙 2 章 6－8 節　*127*
　　　　（3）テモテへの第一の手紙 1 章 19－20 節　*128*
　　　　（4）テモテへの第一の手紙 5 章 19－21 節　*128*
　　　戒規の種類　*129*
　　　　（1）コリント人への第一の手紙 11 章 27－34 節　*129*
　　　　（2）テサロニケ人への第一の手紙 5 章 12－14 節　*130*
　　　　（3）テサロニケ人への第二の手紙 3 章 6、14 節　*130*
　　　　（4）テトスへの手紙 3 章 10 節　*130*

VI　エキュメニズム──世界教会協議会（WCC）の基本的立場についての考察── ……*133*

1　エキュメニズムと改革派教会　……… *133*

　　　　現代とエキュメニズム　*133*
　　　　エキュメニズムと改革派教会　*134*

2　WCC の基本的性格　………　*135*
　　　　WCC の綱領　*136*
　　　　諸教会の交わり　*136*
　　　　五つの否定的条項　*137*
　　　　五つの肯定的条項　*138*
　　　　批判　*139*

3　WCC における一致の基礎　………　*141*
　　　　綱領のニューデリー修正　*141*
　　　　綱領の性質　*142*
　　　　綱領の妥当性　*144*
　　　　綱領の機能　*144*

4　WCC における一致の概念　………　*145*
　　　　一致の概念の四点　*146*
　　　　キリストにおいて与えられている一致　*146*
　　　　一致の概念の他の三点　*147*
　　　　評価と批判　*149*

5　エキュメニズムの課題　………　*151*

＊

キリスト教会の礼拝

はじめに　………　*155*

1　宗教的礼拝についての改革派教会の基本的態度　………　*157*

2　礼拝についての聖書的・教会的用語　………　*160*

3　礼拝における最近の動向　………　*163*

4　公的礼拝の本質 ……… 166
5　公的礼拝の目的 ……… 170
6　新約における公的礼拝の性格 ……… 171
　(1) 神中心　171
　(2) キリスト中心　171
　(3) 霊的　172
　(4) 聖書的　172
　(5) 自由　172
　(6) 公同的　174
　(7) 美しい　175
　(8) 喜び　175
　(9) 秩序　175

7　聖書における公的礼拝の歴史 ……… 175
　(1) 族長時代　175
　(2) 律法時代　176
　(3) 捕囚以後　177
　(4) イエスの時代　179
　(5) 使徒時代　179

8　公的礼拝の時 ……… 183

9　公的礼拝の要素と順序 ……… 188

10　公的礼拝の諸要素（一般）……… 191
　(1) 聖書朗読　191
　(2) 祈祷　192
　(3) 信仰告白　194
　(4) 説教　195
　(5) 詩篇と讃美　196
　(6) 献金　200
　(7) 祝祷　201
　(8) 礼典　202
　　a　聖餐式　202

b　洗礼式　*205*
11　公的礼拝の諸要素（特別）　……… *209*
　⑴信仰告白式（堅信）　*209*
　⑵任職式、就職式　*210*

おわりに　……… *212*

＊

あとがき　　　日本キリスト改革派伊丹教会協力牧師　金田幸男　……　*215*

教会の政治

はじめに

　しばらく前までは、政治というものに嫌悪を感じる人たちが日本のクリスチャンには多かった。特に教会の政治に携わること自体を宗教家としての堕落である、とするような強い風潮があった。こういう意識は、社会全体がきわめて政治化しつつある現在、変わりつつあることは確かであるが、やはり潜在的には根強く残っているといえよう。
　元来、いわゆる宗教家には、求道者的な面と管理者的な面とが二つながら要請されるが、その資質からいって、求道者的な面が勝っていて、管理者的な面の不得手な人が多いし、宗教家としての評価においてもまた当然前者が重んじられる。
　人間が、その個人の魂の深奥において、神の前で、自己の生き方を根源的に問い続けるということを、宗教的生き方とすれば、それは本来非政治的なものであろう。
　しかし、キリスト教宗教では信仰生活が常に教会という交わりの中で、共同体的に営まれることを本質としている。そして教会が地上における一つの制度的組織として存在する限り、正しい意味での政治は不可欠であり、聖書自体もこのことを要求している。
　近時各所におこっている教会政治の混乱は、キリストの教会にとってまことに悲しむべき現象である。そのよって来たる原因は、もちろん社

会の著しい変動とそれに対応しようとする、神学的立場の分極化と対立の激化によると思われるが、むしろそれらは、混乱を助長する環境ともいうべきものであろう。教会政治の混乱の真の原因は、教会自体が、教会の政治について明確な理念をもっていないことにある。教会政治の理念というのは、教会政治についての聖書の教理であって、教会政治運営の技術ではない。教会政治の技術に熟達することは正しい教会政治のため必要であるが、教会政治の教理が確立されていないところでの技術偏重は、キリストの教会の世俗化の温床である。教会政治が、教会管理技術と混同されてきたことは、不幸であった。

本書は、教会の政治についての聖書の教理を概説することを意図している。その立場は、プレスビテリアニズム＝長老主義といわれるものである。教会がどのような政治形態をとるかということもまた、聖書自体から決定されねばならない。その意味でも、教会の信仰と生活の唯一の規準である聖書の原点に立ち返って、教理を学ぶことが現在最も肝要なことである。

教会の政治の実際は歴史的に発展してきているものであるから、これを固定的に捉えると誤りを犯すが、その場合でも核となるべき聖書的原理は、確固としていなければならない。

教会の問題はいろいろあるけれども、何といっても具体的には、制度としての見える教会の問題である。その一つひとつのわざが、聖書の教理によって根拠づけられ、方向づけられるのでなければ、聖書的教会の形成は期し難い。制度としての教会の働きとしての礼拝・伝道・教育などの一つひとつにおいて、聖書的教理が確立され実践されていかなければならない。特に、教会の組織それ自体と秩序を研究の対象とする教会政治理論の確立と実践が、制度としての教会のあらゆる活動を力強く推進させる根幹であることを信じて疑わない。

I　見える教会

1　見える教会

聖書的用語

　旧約聖書では、「エダー」と「カハール」が、教会をいいあらわす語である。「エダー」の語源の意味は、「指定する」「指定する場所に集まる」ということで、それより、「エダー」は、(a)「指定された会議」、(b)「イスラエルの会衆、または、その代表者の会議」を意味し、それらが実際に集会しない場合でも、組織としての会議そのものを「エダー」とよんでいた。それに対して、「カハール」は、「実際の集会」を意味している。集まった会議の性質は、特定のものではなく、「軍事的会議」にも（創世49：6、民数22：4、エゼキエル16：40）、「悪人の会議」（詩26：5）にも用いられるが、特に重要なのは、ホレブにおける契約の集会に対してこれが用いられていることである（申命4：10、9：10、10：4、18：16）。バビロン捕囚以後は、「カハール」が「主の会衆」を示す用例が目立つ。
　しかし、「エダー」と「カハール」は必ずしも常に明確に区別されていたわけではなく、レビ記4章13節や民数記16章3節では、同義語として互換的に用いられている。さらに、「ケハール・エダー」のように

結合して用いられる場合もある（出エジプト 12：6、民数 14：5）。

　ギリシャ語訳旧約聖書においては、「エダー」はおおむね「スナゴゲー」と訳され、「カハール」は、「スナゴゲー」（モーセ五書にて）、または「エクレシア」と訳されている。

　新約聖書では、「スナゴゲー」は、ただ一回だけ、クリスチャンの集会に用いられていることを除いては（ヤコブ 2：2）、ユダヤ人の宗教的会合（マタイ 4：23、使徒 13：43）を意味している。

エクレシアの用法

　周知のように、新約聖書において、教会を示す主な語は、エクレシアである。P・S・マイネアによると、エクレシアは新約聖書で 112 回用いられていて、その 9 割はパウロ書簡と使徒行伝とヨハネの黙示録である。この語は、マルコ、ルカ、ヨハネによる各福音書、テモテへの第二の手紙、テトスへの手紙、ペテロの第一及び第二の手紙、ヨハネの第一及び第二の手紙、ユダの手紙の 10 の書には見出されない。そして、エクレシアはそれ自身においては、内容の質的規定をもたない中立的な語であって、新約聖書において他に教会を表象するために用いられている像と関連させてのみ、新約における教会像を得ることができるとして 96 の教会に関連する表象をあげている[1]。確かに、エクレシアという一語の用法からして新約聖書の教会論を構築することはできない。しかし、われわれの現在の目的のためには、エクレシアの新約聖書における用語の研究が充分な結果をもたらすと考える。

　エクレシアは、エクとカレオーという二語から構成されており、その

---

1)　Paul S. Minear: *Images of the Church in the New Testament,* Westminster, 1960.
　　"Church" in The Interpreter's Dictionary of the Bible, Vol 1.

意味は「……から呼び出す」ということで、ギリシャ語の原意においては、「人びとを家々から呼び出して集める」ということであり、キリスト教的には、「人びとをこの世から呼び出す」ということにとられるが、この概念が常にこの語に現存しているとはいえない。

エクレシアは、新約聖書において、(1) 少なくとも一回は、一般の集会のことをさしている（使徒 19：32、39）。(2) また同じく少なくとも一回は、旧約時代におけるイスラエルの集会を意味している（使徒 7：38、申命 9：10 参照）。しかし、(3) 最も多くは新約の教会をさしているが（マタイ 16：18）、その中にも概念の多様性が示されている。(a) 各地の各個教会を個別にエクレシアとよんでいる。たとえば、エルサレムの教会（使徒 8：1）、アンテオケの教会（使徒 13：1）、カイザリヤの教会（使徒 18：22）、エペソの教会（使徒 20：17）など。(b) 各個教会の集合体を、たとえ共同の政治をもっていなくても、エクレシアとよんでいる。(たとえば、使徒 9：31──ティッシェンドルフの読み方では、エクレシアが単数になっている。それに従えば、いくつかの諸教会が一つのエクレシアとしてよばれることになり、きわめて顕著な事例である)。(c) エクレシアは教会を代表する役員会を意味している（マタイ 18：17）。(d) エクレシアはまた、地上に現存する信者の団体、すなわち、見える教会を総称して用いられている（Ⅰコリント 10：32、11：22、12：28）。(e) さらに、真の選民の団体として見えない教会をもさしている（エペソ 5：22-27）。

見えない教会と見える教会

エクレシアが、見えない教会と見える教会とに同時に用いられていることに注目したい。見えない教会というときには、過去、現在、未来の全時間にわたって、全世界的に、キリストのもとに集められた全選民の

団体をいう。これは人間の眼には隠されていて見ることができない。このように、教会全体を包括していうばかりでなく、現在という時点において地上的に存在する全選民の団体をも見えない教会ということがある。むしろ、後者の方がより一般的な用い方であろう。それは、現在、地上に存在するが、選びという点において、依然として人間の眼には隠されている。

この見えない教会は、み言葉の説教、礼典の執行、信仰の告白と行為、及び外的組織と政治によって、見えるものとして表象されてくる。見えない教会の会員は選びという見えない点で他と区別されるが、見える教会においては、その構成員はイエス・キリストを主と告白するという見える点で識別される。

見える教会の構成員

見える教会の構成員は、主イエス・キリストを信じる信仰を告白する者と、その契約の子らである。

ここでは通常二つの問題が提起される。第一は、信者の子らは、教会員であるかということであり、第二は、見える教会の会員であることは、救いに不可欠であるかということである。

第一の点は、幼児洗礼の問題であって、改革派教会が、特にバプテスト派に対して確信するところである。幼児洗礼の聖書的根拠は、旧新両約において恵みの契約が一つであるという点に求められる（ジョン・マレー『キリスト教洗礼論』新教出版社、参照）。すなわち、神とアブラハムとの間に立てられた恵みの契約は、アブラハムとその子孫とに対してあったが（創世17：3-9）。すべての時代の信者は、アブラハムの霊的子孫である（ガラテヤ3：7, 29）。アブラハム契約及び旧約全般において、契約入会の礼典は、割礼であったが、新約では洗礼がこれに代わっ

た（コロサイ 2：11）。割礼と洗礼は、契約に入るということと（Ⅰコリント 12：13）、罪のゆるし、きよめという同じ霊的恵みを表象した。このように、旧新約において、恵みの契約が一つであり、旧約の割礼が新約の洗礼に代わったとすれば、幼児に施されていた割礼の恵みが、新約における洗礼においても、子どもにまで及ぼされるというのは、まことに当然といえる。さらに、新約は、旧約よりその恵みの及ぶ範囲が広いということで、この主張は強化される。キリストは、幼な子が「わたしのところに来るのをとめてはならない」（マタイ 18：14）といわれ、パウロも信者の子どもはきよいという（Ⅰコリント 7：14）。事実、新約において全家族の洗礼がしばしば記録されている（使徒 2：39、16：15、33、Ⅰコリント 1：16）。なるほど、それには幼児が含まれていたという積極的な証拠はないが、家族の中に、幼児がいたということは当然考えられる可能性がある。したがって、初代教会においては、早くより幼児洗礼が行われており、テルトリアヌスはそのことを記録している。また、オリゲネス自身は幼児洗礼を受けたと伝えられている。

　信者の子らが、契約の子として神の教会の一員であるということは、まことに大きな恵みである。信仰を告白して、教会員となっている親たちの信仰は、子から孫へと受け継がれていくことを、神は命じておられる。教会は、このようにして、子らの信仰にも責任と使命を負っている。

見える教会と救い

　見える教会の会員になることは、救いにとって不可欠かという第二の問いに対して、ローマ・カトリック教会は然りと答える。ローマ・カトリック教会においては、見えない教会と見える教会とは全く同一なのである。

　しかし、聖書によれば、人が救われるのは教会員になることによって

ではない。罪人が救われるのは、ただキリストに対する信仰のみによるのである。したがって、プロテスタントにおいては、見える教会の教会員でなくても、救われる可能性をみとめるが、それは同時に、教会員でも、救われないこともあるという可能性の肯定でもある。しかし、それは決して見える教会を軽くみていることではない。通常には、信者は、見える教会の会員となり、しかも一つの各個教会の会員となることによって、見えない教会の一員であることを示すのであるが、見える教会の一員となることは、任意的なこととされているのではなく、神の制定された秩序として、義務づけられている。

2 制度としての教会

制度としての教会と有機体としての教会

この見えない教会が見える教会として表象される媒介について、み言葉の説教と礼典及び政治という組織的共同体としての面で見える教会を捉えたとき、制度としての教会、組織としての教会といわれ、同じ見える教会への媒介であっても、信仰という内面的なもので捉えるとき、見える教会を有機体としての教会とよぶ。

さて、見える教会は、制度的に組織されるべきかという問題は、教会史の中で論じられてきた大きな問題である。

中世的な制度的教会への道

使徒時代及びそれに続く時代にあっては、教会は、聖徒の交わりとして、外的制度よりは、内的信仰の一致が重く考えられていた。使徒信条の聖霊の項における第三句「聖徒の交わり」は、先行句「聖なる公同教

会」の説明句であるが、この句は使徒信条の古い写本には見出されず、ユーゴスラビアのレメジアの主教ニケタス（340-414年頃）の使徒信条講解に初めて見出されるところから、4世紀頃の付加とされている（シャッフ『信条史』I、22頁）。この句の後代性は、聖徒の交わりを、教会の本質とする理解が後まで行われていたことを示している。

ところで、すでに第二世紀以降、教会内に異端が生じ、また教会の数が増し、迫害が激しくなってくるにつれて、真の聖徒の交わりが識別される、外的しるしの必要が生じてきた。そして、教会は、使徒たちの直接の後継者であり、真の伝承の保持者である司教たちによって統治される外的制度として、理解されるようになった。

しかし一方、この外的制度としての教会の世俗化と堕落に対して起きた分派運動においては、真の教会のしるしとして、外的制度よりは、内的なきよさを主張する傾向が顕著にみられる。モンタノス派、ノバティアヌス派、ドナトゥス派においてこれらは明らかである。

教父たちは、これらの運動に対して、教会の監督制度を主張することにおいて、中世及びローマ・カトリック教会の制度的教会観への道を開いた。三世紀の半ば、ローマの司祭ノバティアヌスは、デキウス皇帝の迫害のとき一時棄教したものが、教会に復帰するにあたり、厳格な悔い改めを要求し、ローマ司教コルネリウスと対立して、自らローマ司教に選ばれ分派とされた。これに対して、テリトリアヌスの弟子キプリアヌスは、ローマ司教への忠誠のゆえに、ノバティアヌスに反対し、監督主義制度の最初の明確な主唱者となった。彼にとって司教に対する不服従は、神に対する不服従であり、使徒の後継者である司教によって統治されている外的制度としての見える教会が、キリストの教会のすべてであった。この道をさらにすすめたのは、ドナトゥス派に反対したアウグスティヌスである。問題は、迫害のとき、棄教した司教の執行する礼典

の有効性をめぐるカルタゴ教会内の争いである。ディオクレティアヌス皇帝の迫害のとき棄教したフェリクスの司教任命に反対したドナトゥスは、反カトリックの分派とされた。アウグスティヌスは、地上教会には善と悪とが同じ意味で現存するのではないと地上教会の純潔性を主張しつつ、一方それは純潔と汚れとが共存するところであるとの現実をみて、教会の公同性は、司教と礼典という外的制度に求められるとした。中世においては、キプリアヌスとアウグスティヌスの教会論の一面である、制度的な面が霊的な面を犠牲にして展開された。

ルターとカルヴァンにおける制度的教会

プロテスタントは、ローマ・カトリック教会の外的制度的教会観に対して、もう一度、聖書に帰って、教会を「聖徒の交わり」として、その霊的、内的性格に眼を向けた。教会は、その本質において、見えるかしらを有する外的制度的共同体ではなく、見えない領域、すなわち、信仰において、キリストとの交わりに本質があるとされた。ルターとカルヴァンにおいては、教会は、「キリストを信じ、キリストにおいて聖められ、かしらとしてのキリストに結合されているものの共同体」であった。

さて、この見えない教会が、見える教会となる点について、ルターは、み言葉の説教と礼典の執行に求めた。聖霊は、み言葉と礼典という外的手段において、教会を集められる。ここに、外的制度としての教会が認められる。ルターにおいてローマ・カトリック教会や監督主義教会とは違う意味においてであるが、教会が依然として、客観的制度とみなされていたのに対し、改革派教会においては、聖徒の交わりの可視性は、み言葉と礼典という客観的制度に加えて、主観的な信仰という要素を重くみる。これは、真の教会の標識として、改革派教会が、み言葉の説教と

礼典の執行と戒規の実施の三つをあげることで表明されている。それでも、この三つは同等の重さをもっているというわけではなく、究極的には、み言葉の説教とそれに従って聖礼典が行われるところに、見える教会が存在するとされる。ここから、これらをつかさどるものとしての教職制度が認められてくる。ローマ・カトリック教会のように、制度的教会を絶対視するのではないけれども、み言葉の説教と礼典を執行する機関としての制度的教会の存在を教会のあるべき姿とみる。

近世における反制度的教会運動

　見える教会の組織化、制度化を否定するグループは、近代においては、クエーカー（フレンド派）、プリマス兄弟団、また、わが国においては、内村鑑三の弟子たちによる無教会派にみられる。

　クエーカー派は、ジョージ・フォックス、ウィリアム・ペンを指導者として、17世紀末より、特にイギリスを中心にして起こった運動である。当時のイギリス社会の霊的道徳的腐敗と、国教会の硬直化した制度への反動として、神秘主義的な新しい啓示である「内なる光」を主張して、制度的教会を否定した。

　プリマス兄弟団のダービーは、すべての外的な教会組織は、必然的に堕落してキリストの精神に反する結果を生むという。制度的教会は、神の支配を軽視して人間的なものを高める。神から与えられる超自然的な霊の賜物を軽んじて、人間によって制定された役職を、その代わりとする。その結果として、聖霊の生ける交わりを失って、人間の知識を教会に導入する。それゆえ、見える教会を組織化し、制度化することは、不必要であるばかりでなく、決定的に罪であると主張する。

　クエーカーやプリマス兄弟団が神秘主義的であるのとは異なって、わが国の無教会運動は聖書的であるが、既成の制度的教会の形式主義の固

定化に対する反動という点では、同じである。

聖書における制度的教会

われわれは、新約聖書から、使徒時代においても、制度的教会に様々な悪が存在したことを知る。コリント教会における党派、エルサレム教会におけるアナニヤとサッピラの事件等を数え上げることができる。しかし、それにもかかわらず、新約聖書においては、見える教会が、制度的教会と切り離しては考えられていないことは、新約における「エクレシア」の用法からも明らかである。また、使徒行伝6章における教会役員としてのステパノ以下七人の選任、14章23節における各教会の長老の任命、15章の使徒、長老たちのエルサレム会議、20章28節における監督職の神による制定のことなどは、教会の秩序ある政治的統治、教師及び礼典について、明らかに教えているところである。

地上にある制度的教会を、見えない教会と全く同一視して、絶対化することは聖書の認めるところではない。人間の共同体としての制度的教会には、多くの弱さと罪がある。

しかし、それにもかかわらず、制度的教会そのものを否定することも、聖書の認めるところではない。

神は、制度的教会を、その弱さと罪にもかかわらず、御自身の教会のあるべき姿として命じておられる。この教会は、常に聖霊に満たされて、神のみ旨にかなうように、祈りつつ励まねばならない。神は、この教会に、み言葉の説教と礼典の執行を託され、それに仕えるものとして教師を立てられ、教会が秩序正しく運営されるため政治を制定された。

3　見える教会の同一性

　見える教会は、律法以前においても、律法時代においても、また現在の福音時代においても同一である（日本キリスト改革派教会「政治規準」第8条）。

教会の同一性の根拠としての恵みの契約

　教会は、旧約時代及び新約時代に、それぞれ異なった形態をとってきたが、同一の原理、すなわち、恵みの契約の上に立てられていた。各聖約期を通じての見える教会の同一性の根拠は、神の永遠の選びと不変の恵みに基づく恵みの契約の唯一性にある。教会は、人間の自発的任意団体ではない。神が選び、召してくださって、神の民とされたものを、神が集めたもうのである。殊に、旧約の教会論との関連において、契約論の次の諸点を留意しなくてはならない。

　⑴　神の民としての教会は、その起源を、神の永遠の選びの中にもつ。
　⑵　教会の会員となるのは、人間の功績によるのではなく、神の約束による。
　⑶　契約は本来、メシヤ的であり、終末的である。
　⑷　契約は、民とその子孫にまで及ぶ。

　教会が、旧新約を通じて一つであることを確認しておくことは、教会の礼拝及び政治を考える上で、特に大切である。新約の教会の礼拝と政治が旧約の教会のそれらと異なった形態をとっていても、それらが基づいている聖書的原理は同一であるということが明確にされるからである。

　契約史における教会の展開について、概観してみよう。

律法以前の時代

　見える教会は、恵みの契約のゆえに神の民とされたものの交わりであるが、それは、堕落した人間が、原福音（創世3：15）において神との契約関係に回復されたときに、アダムとエバにおいて始まった。アブラハムに至るまでの時代は、普遍的な時代であって、教会は、この世において、別個に組織された団体ではなかった。創世記4章26節の「この時、人々は主の名を呼び始めた」という句は、定まった礼拝式があったことを確証しないけれども、少なくとも公的礼拝の存在を暗示している。それによって、信者と非信者との区別は行われたわけであるが、しかし、神の民は、社会の中で、別個の共同体を形成してはいなかった。

　その後、神の子らと人の子らの区別は徐々に明確にされてきて（創世6章、榊原康夫『創世記6章2節における「人の娘たち」と「神の子たち」について』——「改革派神学」第七輯——参照）、ノアの洪水のときには、教会はノアの家という形態をとり、さらにそれはノアの子セムへと引き継がれていった。

　このように、族長時代においては、教会は「信仰の家族」という形態をとり、家長が祭司としての役割を果たした。アブラハムに至って、教会は、この世において別個の共同体を形成するようになり、恵みの契約に基づく神の民は、見える形の教会として、明確な姿を示してきた。アブラハムの家としての教会は、割礼によって、この世から区別され、モーセによる律法時代に至るまで、真の信仰者の団体として、生ける神への信仰と奉仕が、ここに実現した。

律法時代

　出エジプト以後、アブラハム、イサク、ヤコブの子孫は、イスラエル

国民として政治的に組織されたばかりでなく、神の教会として国民的に設立された。申命記は、シナイ山における契約の日を、集会の日（カハールの日）とよんでいる（申命 9：10、10：4、18：16）。これは、イスラエルにとって、ユニークな集会であった。この日、イスラエルは、彼らを特別な所有とされた神のもとに集められた。この日は教会設立の日であった。神の恵みの契約は、律法という形をとって民に与えられ、象徴と型によって恵みが伝えられた。

このように、見える教会は、イスラエル国民として、この世からはっきりと区別された。しかし、イスラエル国民という範囲の中で、国家と教会は、それぞれその機能と制度において、別個なものとされていたので、この両者を全く同一視することはできないが、イスラエルの全国民が見える教会を構成していた。教会は、国民の概念より広くイスラエル以外のものも教会の中に含まれ得たし（出エジプト 12：43-49）、またイスラエルの中にも教会に入れられないものがある場合もあったが（申命 23：1-8）、実際的には、教会はイスラエルという一民族に限定されており、異邦人は、イスラエルとなることによって、教会員になることができた。

しかし、イスラエルの歴史が展開されていくにつれて、イスラエルにおける国家と教会の相即性の分離が、次第に明らかになっていく。すべての肉のイスラエルが真のイスラエルではないということを、捕囚前の預言者も明らかにしているが（イザヤ 7：3、8：18、10：21）、バビロン捕囚において、「残れる者」が真の神の民であるということがいっそう明らかにされた。このように、イスラエルから離れてではなく、依然としてイスラエルの中においてではあったが、国家とは全く別個な存在としての教会という概念が、明確にされてきた。肉によるイスラエルと霊によるイスラエルという預言者的区別が、新約の教会概念の根源である。

このような教会概念の発展が、すべてメシヤへの終末的期待と不可分的に結びついていたことは注目されねばならない。すなわち、真のイスラエルを集め、救い、導くのは、神から遣わされるメシヤである。そして、その期待は、イスラエルの範囲を越えてすすみ、メシヤにおいて、異邦人もまた召されるのであり、アブラハムに対してなされた「彼が全世界の祝福の基」となるという神の約束は、メシヤにおいて成就するという点にまですすんだ。

イエスと教会

二つの神学的立場から、イエスは、教会の建設を意図していなかったと主張された。一つはリベラリズムの立場からで、イエスは、外的制度としての教会ではなくて、人間の内的な信仰にのみ関心をもったのであり、彼の死後、教会ができたのは社会的現象であるという。他は、終末学派の立場からで、イエスは終末の即刻到来を信じていたので、教会を建てるということを意図していなかった。しかし、イエスは死し、終末の到来は延期されたので、弟子たちによって教会が建てられたという。

イエスが、エクレシアという語を用いられたのは、マタイによる福音書16章及び18章に記録されているところに限られるけれども、イエスが教会について考えていなかったとすることはできない。

イエスの来臨が、教会の基礎である契約の枠の中で啓示されていることは注目すべきである。ルカによる福音書1章32節以下、同じく1章54節以下、同じく1章68節以下、マタイによる福音書1章21節、ルカによる福音書2章10、11節、同じく2章32節等において、イスラエルは、契約によって神に結合されている神の民といわれている。この民（自分の民［ヨハネ1：11］）に対して、この幼児は、ダビデの子、約束のメシヤとして生まれた。

イエス自身、契約という語をただ一回しか使わなかったように記録されているが（マタイ 26：28、マルコ 14：24、ルカ 24：20 参照）、彼がイスラエルに対して語るとき、彼らを神の契約の民として取り扱っておられたということは、明らかである（マタイ 8：12、15：24、26）。

　しかし、神の契約の民としてのイスラエルは、イエスとその福音を拒否した。このことは、イエスの地上生涯の終わりが近づくにつれて、ますます明らかになっていった。イエスは、イスラエルの側のこの拒否について、明白に語っている（マタイ 21：33－46、23：37－39。マタイ 8：10－12、22：1－10 参照）。神の民としてのイスラエルの公的なメシヤ拒否は、大祭司とサンヘドリンの行為・決議によって示されたが、それに対して、イエスは「御自身の民」をみ許に集められる。「神の国は、あなたがたから取り上げられて、み国にふさわしい実を結ぶように、異邦人に与えられるであろう」（マタイ 21：43）。「異邦人」と訳されているエスノスは、「国民」（新改訳聖書）という意味であるが、特別な国民をさすのでなく、古いイスラエルを越えてイエスがみ国の救いを与えられる新しい神の民を意味している。ここには、メシヤによって集められる神の新しい民という概念がある。古きイスラエルに代わる神の民は、「み国にふさわしい実を結ぶ」、すなわち、み国の福音の宣教によって悔い改める人々から構成される。

　イエスのこの教えは、十二使徒の選任において、明確な行為の形をとる。十二という数はイスラエルの十二の族長に関連しており、これらの族長よりイスラエルの十二の部族が出て、古きイスラエルを形成したように、この十二人は、神の新しい民の始めである。メシヤの民としての新しい神の民は、イスラエルの連続であり、また完成であるとともに、終わりの日における終末的な神の民である。

　このようなコンテキストの中で、イエスが、マタイによる福音書 16

章18節と18章17節と二回用いられた「エクレシア」を考えるとき、メシヤたるイエスのもとに集められる神の新しい民の交わりを、イエスは教会（エクレシア）とよばれたことが理解できる。それは、古いイスラエルと対照される「わたしの教会」なのである。

新約時代

旧約の預言者たちによって予言されていたメシアによる新しいイスラエルは、イエスにおいて実現した。十字架上に死に、復活し、昇天したイエスが、約束の聖霊をくだすことによって、新約の教会はペンテコステの日に誕生した。神の民としての教会は、すでに旧約時代において、またイエスの地上生涯の間にも存在していたけれども、キリストの十字架と復活という歴史的事実を通して贖われた民が礼拝と奉仕のため、聖霊によって結合されて、独自の普遍的霊的共同体を形成したのは、ペンテコステの聖霊降臨によってである。それは、神が、天地創造のとき人間の鼻に息を吹き入れて、人を生ける者とされた（創世2：7）事実と対応する、新しい人類の誕生である。

使徒たちを中心に集まった新しい民は、当初は、神殿や会堂における礼拝に引き続き与(あずか)ってはいたが（使徒2：46、3：1、5：21）、彼らは、自らを真のイスラエルとする自覚に立っていた。

ペンテコステ以後の使徒たちの説教において、イエスによる救いと教会の誕生が、契約概念の枠の中で捉えられていることは顕著である（使徒2：22、36、3：12、7章）。ナザレのイエスは、この神の契約の民であるイスラエルに、神よりのメシヤとしてきたが、イスラエルは彼を拒否し、十字架につけた。しかし、神は彼を甦らせてキリストとして立てられた（使徒2：23、24、2：36、3：14、15、4：10）。

このキリストが、今、聖霊をくだされたが、これは「終わりの日」が

実現したことを示す。ヨエルの預言（ヨエル 2：28）を引用して、「終りの時」（使徒 2：17）を挿入したことは、使徒たちの終末的意識の強烈さを示している。彼らは、終末的な神の民であり、終わりの日における聖徒である。

　この新約教会の特色は、教会が世界的、普遍的であるということであり、その完成のため、特に伝道の教会としての使命を有することに、つながっている。

　われわれは、恵みの契約の成就という観点から、旧新約の各聖約期において異なった形態をとった教会が、それにもかかわらず、一つであるということを、考察してきた。

　今、われわれが召されている新約の教会は、その本質において、旧約の教会と同一であるが、イエス・キリストの贖いの業による恵みの契約の成就のゆえに、いくつかの点において、異なった形態を示すようになった。教会は、イスラエル民族から切り離されて、独立的組織となり、さらに人種的差別も廃されて、真に世界的普遍的な形態をとるようになった。そして、旧約の儀式中心の礼拝に代わって、霊的な礼拝が行われるようになった。

4　見える教会の一致

> 教会の統一性は、キリスト信者が幾つかの教派に分かれることによって、覆われてはいるが破壊されているのではない。御言葉と礼典を純正に保持するものは、すべて主イエス・キリストの教会のまことの枝として認められなければならない（日本キリスト改革派教会「政治規準」第 9 条）。

旧約における教会一致

キリスト教会の中に諸教派が存在するという事実と、教会の統一性との関係は、現在のエキュメニズムにおいて、最大の問題であるが、教派の存在は、新約聖書の時代にはなかったことである。教派が聖書的にどのように位置づけられるかの問題の検討は、まず新約における教会の統一性の概念の考究から始められなければならない。

神の民としての教会が、社会の中で別個の組織をとるようになったのは、アブラハムに始まる（創世 12：1）。この教会における統一性は、外面的には血縁的・家族的な統一に基づいていた。しかし、その根底に、神の恵みと選びがあったことは、イサクとイシマエル、エサウとヤコブにおける神の主権的な選びの事実から知ることができる（ローマ 9：6-13、ガラテヤ 4：22-23）。

家族としての教会は、神の人モーセのもとに一つの国民へと発展したが、その政治的統一性も、神の契約に基づく霊的統一性を表明するものに他ならなかった。この霊的統一性は、ダビデにおける統一王国の実現と、統一の象徴としてのエルサレム神殿の建立によって、明らかにされたが、これは永続せず、ソロモン以後の分裂王国はバビロン捕囚の時まで続いた。しかし、ダビデ王国のこの可視的分裂が、イスラエルの霊的統一を破壊しているとはみなされなかった。預言者は、この霊的統一性を宣言し、神は両王国を一つの選びの民として取り扱いたもうた。エリヤがカルメル山で 12 の石を立てて主のために祭壇を築いたとき（列王上 18：31、32）、エリヤはこれによって、神の約束への信仰と両王国の霊的一致を示したのである。捕囚の後、ユダヤに帰還したものがどのような構成であったとしても、神はそれをイスラエル、一つなる神の民としてみたもうた。その「残りの者」、真のイスラエルは、メシヤと不可

分的に結びついている。「残りの者」は、メシヤに結合され、彼の生命に与(あずか)ることによってのみ存在するとされる。旧約教会の統一性をメシヤにおいてみる預言者啓示は、新約教会の統一性の先駆的概念である（エレミヤ 23：3–6、ミカ 2：12、13、5：1–8）。メシヤにおいて集められる真のイスラエルは、ユダヤ民族の範囲を越えて全世界の国民に及ぶけれども、これは一人の羊飼いに牧せられる一つの群れである（ヨハネ 10：16）。

ペンテコステにおいて、この新しい民が、別個に組織された共同体として出現した後も、この民の統一性が繰り返して強調されている（使徒 1：8、2：44 以下、4：32 以下）。

キリストにおける一致

パウロは、教会の統一性をイエス・キリストにおいてすでに実現し、現存しているものとして捉えている。エペソ人への手紙 2 章 14–16 節において、パウロはユダヤ人と異邦人との統一性を強調しているが、この統一性は、人間の努力によって達成されるものではなく、イエス・キリストにおいて一度獲得され、与えられる所与的現実である（エペソ 4：4–6、コロサイ 3：11、ガラテヤ 3：28、Ⅰコリント 12：12、13）。

このように、教会には、統一性がキリストにおいて現実に存在しているが、それにはまた、統一性への召命が常に伴っていることに注目せねばならない（エペソ 4：3、13）。教会の統一は現実に存在しているという命題と、われわれは教会の一致の実現のために努めなければならないという命題と、二つながら聖書に示されているのであるが、これをヴィサートーフトは次のように説明する。すなわち、キリストにおいて客観的に既に与えられ、存在している教会の統一性が、空間と時間において可視的に究極的成就をみるのは、キリスト再臨のときであって、これは

「終末的一致」である。しかし、歴史の目標としての終末に向かう現在の時点においても、この所与の一致は、「一つの聖なる公同の教会」として可視的に地上に実現されるべきで、これは「目標としての一致」である。ところで、これは目標であって、現実においては、教会の統一性は部分的にしか現されていないが、これは「途上の一致」とよばれている。

このように、教会の統一性は、「キリストにおいて」の一致である。「キリストにおいて」という場合、それは、教会を単にキリストを主と告白する個人の交わりとみて、その一致は信仰を共通にするところにあるという意味で、媒介的に「キリストにおいて」といわれているのではない。教会の一致はもっと深く「キリスト自身においてある」「キリストの中にある」ということであって、そのような一致を、最も的確に示しているのは、「キリストのからだなる教会」という表現である。

キリストのからだ

「キリストのからだ」という概念は、すぐれてパウロ的なものであるが、この解釈は一様ではない。ローマ・カトリック教会においては、これを比喩としてよりはむしろ文字通りにとって、教会は地上におけるキリストのからだそのものと考える。教会はいわば、受肉の延長という意味でキリストのからだであるとされる。プロテスタントにおいては、この表現は比喩としてとられているが、この比喩によって表明される実体について、有機体的統一を示すものとされる。しかし、その根底には、契約的法的結合があることは見逃されてはならない。「キリストのからだ」についての関連聖句（ローマ 12：4、5、Ⅰコリント 6：15、10：16、17、11：27-29、12：12-17、エペソ 1：23、2：16、3：6、4：4、12、16、25、5：23、30、コロサイ 1：18、2：19、3：15）を検討してみると、こ

れが礼典、聖霊、統一性と多様性（肢体）に関係して用いられることがわかる。これらを綜合する鍵は、ローマ人への手紙12章5節（エペソ5：22参照）に見出される。すなわち、教会は「キリストにあって」一つからだである。この「キリストにあって」は、客観的関係性を示し、その結合が契約的結合であることを明らかにしている。この契約的結合は、聖霊におけるリアルな結合なのである。キリストにおいて、神は救いを成就し、聖霊の働きにより信仰を起こして、それによって信者はキリストと結合される。この結合のゆえに、キリストのわざは信者のものとされ、信者はまたキリストと共に十字架につけられ、甦ったものなのである。キリストに、信者を結合させるものは、聖霊の現実である。この聖霊による結合という内的リアリティーは、礼典によって鮮やかに表象される。バプテスマは、信者がキリストに接ぎ木されたことを象徴し、主の晩餐は、教会が主において一つからだであることを示す。さて、「キリストのからだ」という比喩は肢体の多様性と有機体的統一という真理を表象するのに、最もふさわしい概念である。キリストのからだの各肢体として、信者は互いに個性を保ちつつ、各自の賜物をもって、キリストにおいて、統一的に結合されている。教会は、人格性を失わない複数的人格によって構成される。それが、いかにして一つであり得るかということを、からだという比喩で説明するのである。もっと正確にいえば、パウロにとって、教会が一つであるということが、むしろ先にある。一つである教会の中に多者の存在がいかにして可能であるかというとき、からだの統一性にとって、各肢体の存在がただ許容されるというのではなく、それが不可欠であるということが鋭く指摘される（Ⅰコリント2：14）。一つのからだになり得るためには、多くの肢体がなければならないのである。

　ひとりの人が、多者を代表するというのが契約の原理である。このよ

うにして、全人類の中からアブラハムが選ばれ、多くの国民のために神の民イスラエルが形成されたが、選びはますます鋭く行われて、アブラハムの子孫を分かち、究極的には、ひとりの人イエス・キリストにおいて、この選びは窮まった（Ⅱコリント5：14）。しかし、歴史的に、このような発展をとげた真理はイエス・キリストの復活において新しく展開する。そこでは、ひとりのイエス・キリストの中に多数が包摂されるものとされていくのである。

　したがって、教会の統一性は、画一性を意味せず、多様性を内包する。統一性は分裂を認めないが、多様性を排除しない。一つの聖霊が異なった賜物を与え、キリストの一つからだに多くの肢体がある。教会の行為と機能の多様性は、キリストのみ心にかない、聖霊に導かれているならば、キリストにある一致を破壊しない。ヨハネによる福音書17章21－23節において、キリストは教会の一致の原型は、父なる神と子なる神との一致であるといわれる。父と子の三位一体的一致を、存在論的にとるのか、メシヤ論的にとるのか意見が分かれるところであるが、いずれの場合でも父なる神と子なる神とが、人格の固有性を保ちつつ、一つであるところに、教会の一致の根源的基礎をみる。

教会一致と教理

　教会の統一は、第一義的には、霊的一致であるが、聖書において、この霊的一致は決して、可視的な面と切り離されてはいない。ヨハネによる福音書17章は明らかに教会の可視的一致を語っている（21、23節。エペソ4：5参照）。教会の見えない霊的統一性は、見える形に表されるべきである。その表象について、ローマ・カトリック教会及び現代エキュメニズムにおいてはまず組織に求められるが、改革派教会においては、説教と礼典、すなわち、福音、教理、真理に求められるべきである

と主張される。福音の教理における一致を無視、ないし軽視する教会一致は、聖書にかなうものではない（ヨハネ 17：6、14、17、20）。

現代神学においては、新約における真理の概念は、キリストに関する教理的真理を意味しているのではなく、キリストについての人格的知識を意味しているとする理解が圧倒的である。しかし、新約においては命題的真理と人格的真理との区別は存在していない。確かに、新約及び聖書全体において、人格的真理の面が優先しているといえるが（ヨハネ 17：3）、真理の人格的な面と命題的な面とは一つのものとされている。イエス・キリストを知るということは、キリストを人格的に知ることであるが、これは同時に、キリストが父からうけて弟子たちに伝えた言葉を守ることと結びついている（ヨハネ 17：6、8：14、17）。信仰とは弟子たちの言葉（教理）を通して、キリスト（人格）を知ることに他ならない。したがって、キリストにある一致である教会の一致は、使徒たちの教えと合致することにおいて具体的に示される一致である。ここにまた、一致の限界がある。使徒たちの教えに一致しないものには、何の一致もなく、それは非キリストであって、アナセマなのである（ガラテヤ 1：8、ヨハネ 2：18）。

教派と教会一致

教派とは、各個教会が、キリストの教会の一致を表明するために、教理と政治の一致に基づいて形成する教会連合であるが、教会が諸教派に分立していることにおいて、見える教会の統一性は、覆われてはいるが、霊的一致は、現実に存在している。

すでに見たように聖書における教会の統一性の概念は、画一性を要請せず、賜物の違いを認める多様性を意味しているけれども、現在における諸教派の分立が、真理理解の一致に基づく統一性の範囲の中での多様

性のみであるとはいえない。もしも、教派が、統一性の中の多様性として認められるならば、その統一性は、覆われているのではなく、豊かに表明されているというべきである。しかし、そうではないゆえに、所与のリアリティーとして存在している霊的一致を、見える形で表明するエキュメニズムの使命が、現在の地上教会に与えられていることを銘記しなければならない。

　しかし、たとい全面的ではないにしても、教派の存在は、その根拠を、教会の統一性の中の多様性に求めることができる。教派は、キリストの教会の賜物の多様性を表すものとして、自らのみをキリスト教会と同一視することはできない。教派は、他教派にして、み言葉と礼典を純正に保持するものを、真の教会の肢として互いに認め合う。各教派はそれぞれの教理を、最も聖書的なものとして確信しているものであるが、この確信は、常に普遍的教会への奉仕として表明されねばならない。

II　教会政治の規範としての聖書

ウェストミンスター信仰告白 第1章6節

　教会政治の規範としての聖書についての改革派教会の立場は、ウェストミンスター信仰告白第1章6節に明確に示されている。

　「神ご自身の栄光、人間の救いと信仰のために必要なすべての事柄に関する神のご計画全体は、聖書の中に明白に示されているか、正当で必然的な結論として聖書から引き出される。その上には、みたまの新しい啓示によっても、人間の伝承によっても、どのような時にも何ひとつ付加されてはならない。それにもかかわらず、わたしたちは、み言葉の中に啓示されているような事柄の救拯的理解のためには、神のみたまの内的照明が必要であること、また神礼拝と教会統治に関しては、常に守られなければならないみ言葉の通則に従い、自然の光とキリスト教的分別とによって規制されなければならない、人間行動と社会に共通のいくつかの事情があること、を認める」。

教会政治における「事情」

　改革派教会は、教会政治が、その具体的細目に至るまで、聖書によって明らかに規定されているとは主張しない。神礼拝と教会政治に関して

は、「自然の光」と「キリスト教的分別」が働く「事情」があることを認めている。「自然の光」はむしろ「本性の光」であって、一般恩寵によって保たれている人間理性をさしている。[2] 「キリスト教的分別」というのは、神の言葉に教えられている一般的原則を、各状況に適用するキリスト者の信仰的理性の働きである。

さて、この自然の光とキリスト教的分別が働き得る分野について、次のことが確認されている。

(a) これは、神礼拝と教会政治にのみ適用される。
(b) しかも、それらの本質的要素に対してではなくて、事情（circumstances）に限定されている。自然の光とキリスト教的分別は、神礼拝と教会政治の本質を規定する規準とはなりえない。ただ一つの規準は聖書である。しかして、自然の光とキリスト教的分別の働きが認められるのは、神礼拝と教会政治が行われる外的環境に対してのみである。
(c) それは、全部の外的環境ではなく、ある環境である。聖書において明らかに示され、また必然的に演繹されるような事情も存在する。
(d) その事情はまた、「人間行動と社会に共通な」ものに限られる。
(e) 自然の光とキリスト教的分別を働かせるにあたってはどんな事情のもとにあっても、「常に守られなければならないみ言葉の一般原則」に従ってでなければならない。

具体的にいえば、神礼拝については、時間、場所、礼拝の長さ、順序、

---

2) "light of nature" は、1章1節に最初に出てくるが、引照聖句がローマ2：14、15であること、及び創造と摂理と区別されていることから、自然というよりは人間の本性、理性をさしていると解釈する。告白21：1の同句は、自然と人間とを含めた「自然の光」と理解される。その引照聖句はローマ1：20になっている。

回数等であり、教会政治については、長老の数、会議運営の方法、会議の管轄地域等をあげることができる。

　以上の点を要約すれば、聖書は信仰と生活の完全な規準であって、み言葉において明らかに教えられているか、または必然的に演繹されること以外は、何ものもわれらの良心を束縛できないけれども、神礼拝と教会政治のある事情に関しては、聖霊に導かれて、み言葉の原則を可変的状況に適用するような信仰的理性の働きを認めている、ということである。

演繹による教理

　改革派教会は、教会政治の原則が、聖書において明白に示されているか、または正当で必然的な結論として聖書から引き出されると主張する。

　ここでは特に「正当で必然的な結論」という句の解釈が、ウェストミンスター信条の立場の理解のため大切である。ウェストミンスター信仰告白によれば、聖書より必然的に演繹された結論は、神の真理であって、聖書において明らかに示されている教理と同じ権威をもつ。ウェストミンスター会議におけるスコットランド長老教会よりの代表者のひとりであったギレスピー（Gillespie）は、この演繹における理性の働きについて、まず自然理性と再生理性とを区別する。[3]「われらをしてここでゲルハルドとともに、腐敗した理性と再生した理性の区別があることを認めしめよ。すなわち、神のことを、自然的、肉的な原理、感覚、経験等から論ずる自然理性と、キリストへの服従に捉えられている理性との区別である。後者は、神の事柄を、人間の規準からではなく、神の規準によって、

---

[3] Gillespie: *The Presbyterian's Armoury, Vol. 2.*
　　Gillespie: *A Treatise of Miscellany Questions*, p. 101.

たといそれがどんなに肉の知恵に反しようとも、聖書的原則に立って判断するものである。そして、神の栄光に関することと、霊的なあるいは神的なことにおいて、聖書から引き出される結果と結論を確信し、それに満足するのは、前の理性ではなく、後者である」。

次に、ギレスピーは「正当で必然的な結論」と「正当で可能な結論」とを区別する。後者は、聖書に合致する正当な結論であるが、これ以外にも聖書に合致する結論があり得るということを認めるもので、可能な結論という。しかし、告白が主張しているのは、そのような可能的結論のことではなく、それ以外の結論が引き出されないような必然的な結論である。

「聖書からの正当で必然的な結論」に神的権威を認める教理の目標[4]とするところは、聖書の充分性である。もとより、論理的演繹という作業において、人間理性が果たす役割のゆえに、その結果は究極的には主観が混入することは免れえないが、ウェストミンスター信条の意図は、いかなる意味でも、人間理性に究極的な根拠があるのではなく、ただ聖書にのみ信仰と生活の規準を求めるというところにある。ウェストミンスター会議に反対の立場をとったフッカーは、アングロ・カトリックの立場を代表して、聖書は唯一般原則を与えるのみで、宗教生活の詳細については規準を与えていないという。聖書の一般原則の適用については、人間理性に委ねられるとする主張に対して、ウェストミンスター信条の立場は、その適用の過程も聖書に規定されねばならないということである。ウェストミンスター信条は、一方において、聖書が信仰と生活の

---

4) キリストがサドカイ人に対して、死人の復活を論証された方法（マタイ 22：31、32）等に、正当かつ必然的演繹教理の聖書的根拠が求められている。ヨハネ 10：34−36、使徒 13：33、34、ヘブル 1：6 等参照。Gataker: *Shadows*, p. 20.

個々の点についてまで直接的な明文をもって規準を与えているとする立場をとらないとともに、他方において、宗教的理念の展開を人間理性にのみ委ねる思弁をも拒否する。ウェストミンスター信条において、理性は聖書の意味を引き出すために必要なものとされているけれども、神学が樹立さるべき唯一つの確かなる基礎は聖書のみであった。

長老政治神定論

改革派教会は、(a) 教会政治の根本原理は、聖書において明文をもって教えられていると主張する。聖書が明らかに教えているこの教会政治の根本原理を保つことは、見える教会の存在にとって本質的である。(b) 改革派教会は、長老主義教会政治の根本原則は、聖書から正当かつ必然的に演繹されると信じている。聖書から正当かつ必然的に演繹された教理は、聖書において明文をもって教えられている教理と等しい権威をもっている。したがって、改革派教会は、長老主義教会政治の根本原則に対して神的制定（Jus Divinium）を主張する。それは単に聖書によって一致している教会政治の一形態であるというのでなく、聖書によって要求されている教会政治の形態（the form of Church Government）であるとすることである[5]。しかし、演繹された教理は、キリスト教会の存在及びその信仰にとって不可欠のものではない。聖書において明文をもって教

---

5) これについては改革派・長老派の中に立場の相異がある。岡田稔『キリストの教会』小峯書店、1970年、135頁参照。
「一体、長老制の原理は果たして聖書的な根拠を十分に持っているのでしょうか。私はこの質問に対しては『然り』と断言する勇気を持たないのです。いわゆる長老制神定論（長老制は神によって教会の唯一の制度として聖書において啓示せられている教会政治の形態であり、従って、他の制度を持つことは非聖書的であると云う説）を主張するだけの確信は持っていません」。

えられていることは、教会と信仰の本質にかかわり、それを信じなければ、キリストの教会といえず、またキリスト者とはいえない。しかし、演繹された教理は、神の言葉としての権威を有しつつ、なお意見の相違の余地があり、それを信じ受け入れることは、より聖書的な完成のために必要であるが、その本質にとって不可欠のものというのではない。たとえば、キリストの神性は聖書において明文をもって教えられているキリスト教の根本教理であって、これを否定するものはクリスチャンとはいえない。しかし、幼児洗礼の教理は聖書から正当かつ必然的に引き出された結論であるから、これを信じない人は改革派信仰をもった信徒ではないがクリスチャンである。

　それゆえに、改革派教会は、長老主義政治が聖書の教えるただ一つの教会政治の形態であると主張するが、この政治形態をとらなければキリストの教会でないとはいわない。

Ⅲ　キリストの教会主権と教会権能

キリストの王権

　キリストが教会のかしら、主であるという事実の認識と告白は、教会政治の根本的な原則であって、聖書において明文をもって教えられている。したがって、この教理を告白し受け入れるのでなければ、キリストの教会ということができない。

　キリストは教会のかしらであり、いっさいの教会権能の源泉である。キリストは、確かに全世界の王でいらっしゃいます。

　彼は、三位一体の第二人格として、永遠の初めより、全世界の王でいます。

　しかし、それのみではなく、神・人としての仲保的資格において、全世界の主であられます。彼は、「天においても地においても、いっさいの権威を授けられた」（マタイ 28：18、エペソ 1：20-22、ピリピ 2：10、11、黙示 17：14、19：16）。

　そのキリストは、特別な意味において、彼のからだなる教会のかしらである。キリストが教会と生命的有機的関係をもち、自らの生命をもって教会を満たし、教会を霊的に統御するという意味で、有機体的なかしらといわれるだけでなく（ヨハネ 15：1-8、エペソ 1：10、22-23、2：

20-22、4：15、5：30、コロサイ1：18、2：19、3：11)、キリストはまた制度的組織体としての教会の統治的王である（マタイ16：18-19、23：8、10、ヨハネ13：13、Ⅰコリント12：5、エペソ4：4-5、11-12、5：22、24）。

キリストの統治権能の委託

キリストは、教会を、預言者、祭司、王の三職において、直接的に統治される。彼は、使徒（ヘブル3：1）、教師（ヨハネ13：13）、牧師（Ⅰペテロ2：25）、しもべ（マタイ20：28）、監督（Ⅰペテロ2：25）、神の国の立法者（ヤコブ4：12、創世49：10）等とよばれている（日本キリスト改革派教会「政治規準」前文）。

昇天して神の右に座したもうキリストの教会統治は霊的である。王なるキリストの直接的教会統治は、み言葉と聖霊による。

同時に、キリストは、人の奉仕を用いて、教会統治をなさるべく、教会に権威を与えられた。

キリスト教宗教は、単なる個人的宗教ではなく、教会（神の国）という共同体の交わりにおいて営まれるものである。すべての共同体は、その秩序維持のため共同体統治の権能（政治権能）を有する。教会も例外ではない。

マタイによる福音書16章18-19節は、キリストが教会に統治権能を与えられたことを明示している。イエスは、ここではじめて「教会」という語を用いている。18節の「教会」と19節の「天国」とは同義語であって、ペテロによる告白の上に立てられる見える教会をさしている。「天国のかぎ」とは、イザヤ書22章15-22節にあるように、権能の象徴であって、「家の管理権」を意味している。ここには、比喩の移行があり、「家を建てよう」という時点から、「でき上がった建物の管理」と

いう点に展開している。

　天国と教会とを別のものと考え、「かぎ」を管理する権能でなく、入口のかぎとする解釈もある。この解釈においては、教会は天国の門であって、天国の門を開閉する権能が与えられるとされるが、前述のヴォスの解釈が正しい。

教会権能の所在

　キリストから統治権の委任を受けている教会とは、具体的に何をさすかということについては、教会政治の各形態において見解が異なるところである。監督主義政治においては、使徒団の後継者としての司教団に教会統治権能が委任されているとされ、また会衆主義政治においては、全会衆に対してであると主張される。それに対して、長老主義政治においては、役員と会衆を含めた教会全体に対して教会統治権能が与えられているとする考えが支配的である。新約の教会においては、会衆が存在する以前に、十二使徒が役員として任命され、存在していたという事実がある。したがって、教会が誕生したとき、それはすでに役員と会衆とを共に含むものとしてあったのである。しかし、それだからといって、統治権能は役員にのみあるとする監督主義的立場が肯定されるわけではない。聖書はまた、役員の選任にあたっては、会衆の参与を必須とする（使徒1：15-26）。会衆は役員の選挙ということによって、彼らに与えられている教会統治権を行使する。選ばれたものは自動的に役員に任職されるのではなく、また役員の権威は選挙母体である会衆に由来するものではない。選ばれた役員候補者を任職する権限は、キリスト御自身に

---

6)　Geerhardus Vos; *The Kingdom of God and the Church*, p. 147 及び本書「戒規」の項（118-119頁）参照。

あり、その任職権は、キリストが立てたもうた役員を通して行使される。

キリストの教会統治の権能が、治者である役員と被治者である会衆の双方を含む教会全体に与えられたとする長老主義の立場は、そのいずれか一方を主張する監督主義と会衆主義の中間にあって、キリストの主権的権能と信徒の普遍的職務論とを見事に表明しているといえる。使徒行伝15章におけるエルサレム会議において、教会統治の会議は使徒と長老たち（役員）によってのみ構成されている一方（15：6）、一般会員は、それら役員たちと同じ立場には立たないとはいえ、なお会議の決定について協議をうけた（15：22）ということは、長老主義の立場を示しているものである。

教会権能の性質

第一に教会権能は霊的である。教会権能が霊的であるということは、それが非物質的ということを意味しない。キリストは、魂とからだをもった全人を救い、支配し、特に執事的権能の行使にあたっては、物的なニーズがその対象となる。

教会権能が霊的であるということは、聖霊的であるということである。この権能は、神のみ霊によって与えられる権能であり（使徒20：28）、キリストのみ名と聖霊の力によって行使され（ヨハネ20：22、23、Ⅰコリント5：4）、霊の人である信者に対して行われ（Ⅰコリント5：12）、み言葉と礼典という霊的道徳的方法で行使される（Ⅱコリント10：4）。

国家権能が、人間の外的、この世的状態に対して、外的に行使されるものであるのに対して、教会権能は、人間の内的、霊的状態と、それの表明としての宗教的、道徳的行為に対してなされる。したがって、教会権能は、地上的権力を包含（ほうがん）してはならない。また、生命やからだへの危害を含む体刑を課すこともできないし、名誉毀損や社会的地位に損害を

与えるような社会的制裁を課してはならない。教会権能は、いかなる場合にも、力による実力行使を伴わないゆえ、「宣言的」であるといえる。

　教会権能はまた、奉仕的（ミニステリアル）である。すなわち、教会の権能は、常にキリストに仕えるものである。神の国においては、治める者は常に仕えるものであり、キリストも仕えられるためではなく、かえって仕えるためにこの世に来られ、罪人の贖いのために、いのちをささげられた。このゆえに彼は教会の王である（マタイ20：25-28）。ここには、王の概念の根源的な転換がある。キリストのもとに仕えるものとして、教会の役員は、それ自身において権威をもつものではなく、主人の命をうけて管理に任じるものとしての権能をもつ。したがって、教会の権能は、聖霊と聖書のもとにあり、これに合致するものとして行使されねばならない。教会権能が奉仕的であるということは、この権能が仮象であるとか、弱体であることを意味しない。教会権能が真実のものであり権能とよばれるにふさわしいものであることは明白である。

　キリストは、預言者、王、祭司の三つの職務的働きにおいて、救い主としてのみ業を果たされるが、この三職に相応じて、教会の権能もまた、教理に関する（教える）権能、政治に関する（治める）権能、奉仕に関する権能に分かたれる。

教える権能

　教会は真理に関して使命をもっている。教会の外にいる人々に対して真理の証人となり、教会内のものに対しても真理を教え、証しすることは、教会の義務である。

　教理的権能の遂行は次のような形態でなされる。

　(a) 神の言葉の保持。神の言葉は本来神の教会に対して神が語られた

もので、教会はこの真理を保存し、真理に敵対する思想からこれを守り、忠実にこれを語り伝える使命がある（Ⅰテモテ 1：3、4）。

(b) み言葉の説教と礼典の執行。教会の使命は神の言葉を保持するのみでなく、教会と世において、み言葉を説教し、罪人を回心に導き、聖徒を完成にいたらせることもまた教会の使命である。伝道と牧会とは、み言葉を説教し、教えるということによって、果たされていく。

礼典はまた見えるみ言葉として、福音の真理を表象し、印証する。現代神学においては説教を見えない礼典として語る傾向があるが、宗教改革の神学においては全く逆で礼典こそ目に見えるみ言葉の説教であった。

(c) 信仰告白の作成。すべての教会は、真理の告白を自覚的に励まねばならない。真理を深く学ぶとともに、信じるところを告白しなければならない。

聖書には信条の実例は記録されていない。しかし、福音の真理を簡潔に表明したものを見出すことはできる（Ⅰコリント 15：3-4、ピリピ 2：6-11、Ⅰテモテ 3：16）。

信条は神の言葉ではない。啓示された神の言葉についての教会の理解であり、告白であり、自覚である。これは、信仰の認識を深め、真理を誤謬に対して宣揚するのに役立つ。

(d) 神学研究。信仰告白と深く関連しつつ、神の言葉のより体系的な学的研究は、教会に課せられた使命である。

治める権能

治める権能は、立法権能と司法権能に分けられる。

「神は無秩序の神ではなく、平和の神で」あり、「すべてのことを適宜

に、かつ秩序を正して行う」ことを欲したもう（Ⅰコリント 14：33、40）。

　教会のもつ立法権能は、聖書にあるキリストの律法を越えることはできない。教会のすべての権能は、聖書に従属する。教会はただキリストの律法を解釈し、適用することができるのみで、聖書以上のものを作ることはできない。これによって、教会は、政治と礼拝と訓練についてのさまざまな規程を作成するが、これらは、キリストの律法を強調するものであって、新しい法規ではない。

　司法権能は、戒規に関するもので、改革派教会が、教会の純潔のために重くみるところである。これについては、章をあらためて述べる。

仕える権能

　キリストは、使徒たちと 70 人を送られたとき、説教することを命じられたばかりでなく、悪霊を追い出し、あらゆる病気とわずらいをいやす権威を授けられた（マタイ 10：1、8、マルコ 3：15、ルカ 9：1、2、10：9、17）。使徒時代の信者の中には、いやしの賜物をもつものがいた（Ⅰコリント 12：9、28、30）。これらの超自然的賜物は、特別啓示時代に特別なものであって、新約啓示が完成するとともになくなった。しかし、キリストによる救いが、単に魂の救いにのみとどまらず、魂と身体とをもった全人の救いであるという原則は、いまも生きている。キリストは、教会が隣人の必要に仕える愛の奉仕のわざによって、神に対する信仰と隣人愛を表し、神の愛の福音を証しすることを教会の恒久的なわざとされた（マタイ 26：11、マルコ 14：7）。そして、これは使徒時代の教会において、美しく実践された（使徒 4：34、20：35、Ⅰコリント 16：1、2、Ⅱコリント 9 章、ガラテヤ 2：10、6：10、エペソ 6：28、Ⅰテモテ 5：10、16、ヤコブ 1：27、2：15、16、Ⅰヨハネ 3：17）。これら

は、執事の職務とされるものであるが、執事の働きは単に物的な援助にとどまるものではない。すべてのキリスト教的働きは霊的である。そして、それはまた物質的なものとも切り離されてはならない。

このように、教会のかしらキリストは、罪人のすべての必要に仕え、罪から全き救いを得させる権能を、教会に付与された。

Ⅳ　教会政治

1　長老主義の三原則

　前述したように、長老主義教会政治の原理は、聖書より正当かつ必然的に演繹されたものである。したがって、長老主義の教会政治形態は、聖書的原理であるけれども、教会の存在にとって本質的なものではなく、教会のよりよき形成のため必要なものである。
　長老主義教会政治の原理は三本の柱から成り立っている。

長老たちによる統治

　教会は「長老たち」によって統治される。これは旧約時代のイスラエルにおいても行われた原理で（出エジプト4：29、列王上8：1-3、エゼキエル8：1、14：15）、バビロン捕囚後の会堂に引き継がれて（使徒4：5、22：5）、新約の教会に至っている。パウロとバルナバは、「教会ごとに彼らのために長老たちを任命し」た（使徒14：23、及び15：2、6、22、23、20：17）。
　複数の長老たちは、会議を構成し、教会の一致と平和のためにキリストの名において共同的権威を行使する。テモテへの第一の手紙4章14節で「長老の」と訳されている語は、「プレスビュテリオン」で長老会議

のことである。新改訳聖書では「長老たち」と訳している。同じ語が使徒行伝 22 章 5 節に出てくるが、口語訳聖書は「長老たち一同」としている。しかし「長老たちの全議会」と訳している新改訳聖書の方が、この場合正確である。これは、議会権能をもった長老たちの会議をさしている。テモテは、この長老会議によって、任職の按手を受けたのである。

教職の平等

監督主義政治を採用する教会、すなわち、ローマ・カトリック教会、ギリシャ正教会、聖公会及び、これから派生してきた諸教派は、教職中に位階の差をみとめ、助祭（ディーコン）、司祭（プリースト）、主教（司教）（ビショップ）と、分けている。司祭は、各教会において、説教、祈祷、礼典をつかさどり、赦罪の宣言をなす。助祭は司祭の補助者である。主教は、一定の管区内の教会及び司祭、助祭を管轄し、任職と堅信をつかさどり、教区統治の任に当たる。

教職位階制の根拠として主張されるのは次の諸点である。

(a) 旧約の教会において祭司制に位階があった。すなわち、レビ人は、神殿における雑務に当たり、祭司は、その上にあって、祭壇に犠牲をささげる任に当たった。また、大祭司は、祭司職の頂点にあって、全体を統轄するとともに、年に一度至聖所に奉仕した。

新約の教会も、これを引き継ぐというのであるが、これは旧約の教会と新約の教会の重大な差を見落としている。すなわち、旧約の教会においては、儀式が中心であったが、イエス・キリストの十字架の事実において、その型としての旧約儀式が廃止された新約時代には、教職は祭司ではない。したがって、旧約の教会における祭司の位階性を、新約の教会の教職制の中に持ちこむことはできない。

(b) イエスは、在世中、使徒の次に、70 人の伝道者を任命されたが（ル

カ10：1)、これは主教と司祭の位階に通じるという。しかし、司祭は主教によって任命されるが、伝道者は使徒たちによって任命されたものではなく、イエス御自身による任命であり、しかも使徒と同じ権威をもって派遣された。

(c) テモテはエペソの、テトスはクレテの主教であったという。しかし、テモテとテトスは伝道者であって（Ⅱテモテ4：5)、伝道者は教会全体への奉仕の職で、しかも使徒時代に特有な職務である。テモテは、パウロのところに来るように命じられているが（Ⅱテモテ4：9以下)、これは彼が一個所に定住する主教でなく、使徒とともに巡回する伝道者であったことを示している。

教職の位階性を否定する長老主義の原理は、新約においては、エピスコポス（監督）と、プレスビュテロス（長老）とが、同義語として使われているということに、積極的な支持をもつ。この点をライトフットはピリピ人への手紙註解の中で詳細に論じている。

(a) ピリピ人への手紙1章1節で、パウロは、「ピリピにいる、キリスト・イエスにあるすべての聖徒たち、ならびに監督たちと執事たちへ」手紙を宛てている。この言葉の中に長老の名称を見出さないが、ピリピ教会には長老がいなかったのではなく、パウロはここで、長老を監督とよんでいるのである。もしも、この監督が、監督主義政治における上位教職者の意味であるのなら、ここで「監督たち」と複数になっているのは不合理である。一教区に、統治権をもつ監督はひとりよりいないはずである。

(b) テモテへの第一の手紙33章1−7節で、パウロは、監督になるべき人の資格を述べ、次いで、執事の資格を述べているが、長老のことは書いていない。しかし、長老の存在は、テモテへの第一の手紙5章17−19節で明らかに知られている。ところで、テトスへの手紙1章5−7節で

は、長老の資格をあげているが、これはテモテへの第一の手紙 3 章 1-7 節で監督についていわれていることと内容は同じである。その上、テトスへの手紙においては、監督と長老が互換的に用いられている（1：6、7）。

（c）使徒行伝 20 章 17-28 節にある、パウロのエペソの長老たちへの説教においても、長老と監督は同義語として用いられている（17 節と 28 節）。

これらに従って、「使徒的教会においては、監督と長老は同じ職務をさしていた」というウィズローの言葉が承認される。長老は、年齢、権威、知恵に関していわれ、監督は、群れの信者の霊的指導という働きに則していわれる用語である。

1 世紀の終わり頃書かれたローマのクレメンスのコリント教会への手紙においてはなお、エピスコポス（監督）とプレスビュテロス（長老）は同一のものとして語られているが（42、44 節）第二世紀のはじめの頃から、この両者を区別する用法が表れてくる。スミルナ教会のポリカルプスは、彼のピリピ教会への手紙を「ポリカルプス及び彼と共にいる長老たち」という句で書き出しており、長老たちと自分とを区別しているが、そのポリカルプスを、イグナチウスは、スミルナの監督とよんでいる。イグナチウスはまた、ポリカルプスへの手紙の中で、監督、長老、執事と併記しているが（6 節）、これは、この頃、監督が長老より上位の教職として認められていたことを、推察させる。2 世紀の終わり頃には、エピスコポスの上位教職として地位は確立された、と考えられるが、イエレナイオスは、使徒行伝 20 章 17、28 節にふれて、監督と長老の同

---

7) Thomas Witherow: *The Apostolic Church, which is it?*, p. 40. 榊原康夫訳『使徒的な教会』改革主義出版委員会発行（新教出版社発売）、1965 年。

一性に注意を促している。また、4世紀において、ヒエロニムスは、「古代では、監督と長老とは同一であり、一つは権威を示し、他は年齢を示す」といい、「もし監督と長老が同じであるという見解が、聖書のものでなく、私のものであるという意見の人がいるならば、ピリピ人への手紙を研究せよ」と述べている。その他、クリソストムスや5世紀の始め頃までのピリピ人への手紙1章1節についての多くの註解は、使徒時代における監督と長老の同一性を認めている。

教師の平等は、説教・任職・戒規・教会会議における法的権威の平等性であって、教師の賜物と能力における平等を意味しているのではないことはいうまでもない。教師各自がもつ能力は異なっており、彼が及ぼす指導的影響力の範囲にも大小がある。しかし、それにもかかわらず、すべての教師は、教師として同等の権威をもつのである。

教会会議の段階的構成

長老主義政治において、教会統治の権能は、第一義的には、各個教会の長老会議に存する。それは、長老が各個教会の会衆の直接選挙を経て任命されるからである。

上級会議の権能は、この各個教会の長老主義より委託されたものであり、各個教会は、自治的共同体として完全な権能をもつことが、認められている。

しかして、自治的共同体としての各個教会は、互いに連合を結成して、教理と政治の一致を表明すべきで、これらを統治する教会会議は段階的に構成される。各個教会の長老会議はセッション（Session）またはコンシストリー（Consistory）とよばれ、わが国では「小会」とよばれている。一定の地域内にある各個教会を統治する長老主義は、プレスビテリー（Presbytery）またはクラシス（Classis）とよばれ、わが国では「中

会」とよばれている。それよりさらに広い範囲の中にある諸中会を統轄する長老会議はシノッド（Synod）とよばれ、わが国では大会とよばれている。最高の統治機関として全教会を統治するジェネラル・アッセンブリー（General Assembly）総会がある。

しかし、これらすべてをもつことが必須ではなく、教会の大きさに応じて、中会どまりのところもあり、大会どまりのところもある。アメリカの長老教会の場合、だいたい、市及びその周辺地域の単位でプレスビテリーがあり、州単位でシノッドがあり、全国としてジェネラル・アッセンブリーがあると大雑把にいえよう。

会衆主義政治（組合教会やバプテスト教会）は、このような各個教会の教会的結合を否定し、各個教会の連合は単に組合的なものにすぎないと主張するが、この点について、長老主義は、次のような聖書的根拠に訴える。

(a) 旧約教会の例。新約教会の外的形態は、特に公的礼拝と教会政治において、シナゴクに負うところが大きい。シナゴクが長老たちによって統治されていたことは、ルカによる福音書7章3-5節からも明らかに知られるが、各シナゴクを包括する上級議会であるサンヘドリンについて、通常、申命記17章8-13節がその起源とされる（出エジプト18：13-26、民数11：16、17、24-25、申命1：9-18、19：15-20参照）。その後、この制度は腐敗したが、ヨシャパテ王によって再興されたことが、歴代志下19章にでている。これによると、各町におかれた会議（4-7節）と、エルサレムにおかれた最高会議（8-11節）とがあり、教会会議は主の事柄をつかさどり、一般会議は王の事柄をつかさどった（11節）。イエスの時代には、3人ないし23人の裁判人からなる地方の教会会議が各シナゴグにおかれ、71人よりなるサンヘドリンがエルサレムにあった。ルカによる福音書22章66節及び使徒行伝22章5節では、こ

れをプレスビテリオン（長老会議）とよんでいる。

このように、イスラエルにおいては、各シナゴグより国家的レベルに至るまで、段階的な教会会議が構成されていた。

(b) 使徒行伝15章におけるエルサレム会議。これを後代における大会または中会と同一視することはできないが、アンテオケ教会から提起された割礼問題のため開かれたこの会議は（15：1-2）、(i) 教会の公的会議であって、(ii) その構成員は、使徒と長老であった（15：6）。そして(iii) この会議の決定は、単なる助言ではなく、権威的決定であって、アンテオケ教会以外の教会にも適用された（15：23、28、16：4）。

われわれは、ここに、各個教会の長老会議より広い範囲の教会会議の存在をみる。

(c) エルサレム教会の実例。ユダヤの諸教会という句はあるが、エルサレムの教会はいつも単数形で語られている（使徒8：1、12：5、15：4）。これより、会衆主義政治の主張者は、エルサレム教会は一つの会衆（コングリゲーション）〈一つの場所で礼拝する信者のグループ〉であったという。

しかし、エルサレム教会には、ペンテコステの日、三千人が教会に加えられ、さらに「主は、救われる者を日々仲間に加えてくださった」とある（使徒2：41、47）。さらに、4章4節では、五千人の男が教会員になったとあるが、これらの人々は決して、一時的滞在者（パロケイン）ではなくて、エルサレム在住者（カトイケン）であった（使徒2：5）。したがって、エルサレム教会は、一つの教会でありながら、多くの会衆からなっており、その会衆はそれぞれの長老会議によって統治されていたと推論される。

確かに、使徒行伝2章44節では「信者たちはみな一緒にいて」といわれているが、「一緒にいて」と訳されている句が、必ずしも場所的一

致をのみさすものでないことは、使徒行伝4章26節の用法からいえるであろう。

　むしろ、エルサレムの信者たちは、異なった言語を話したので、異なった会衆に分かたれ、各々自分の国語で神のみ業を聞いた。そして、エルサレム教会には、多くの預言者や長老がいて、これらの会衆に分属して奉仕したと考えられる。それゆえに、使徒たちは忙しかった。

　これ程多くの人々を一つの場所に集めることは難しい。会衆派の人々は、使徒たちは毎日、宮で説教したというが、そこでは主の晩餐は執行できなかったであろう。

　⒟ エペソ教会の実例。エペソにもやはり一つ以上の会衆があったと考えられる。エペソにおける信者の数はきわめて多く（使徒19：18、19、20、Ⅰコリント16：8、9）、また信者はユダヤ人とギリシャ人の両方を含んでいた（使徒19：10、17）。パウロは、第三次伝道旅行のとき、エペソのツラノの講堂で福音を説いていたが（使徒19：10）、このとき書かれたコリント人への第一の手紙16章19節には、エペソにある「アクラとプリスカの家の教会」のことにふれている。したがって、エペソには一つ以上の会衆が存在したが、それらは、一つのエペソ教会を形成していた（使徒20：17）。

　各個教会が、このように、教会的結合をして、それぞれの統治機関をもつことは、教会についての聖書的概念と全く一致する。すなわち、これは、兄弟愛をもって相互に監督しあうことにより教会の純潔を保ち、また、上訴の場をもつことによって、教会の公正を維持し、さらに、教会の統一性を最もよく表明する。

　われわれは、このようにして、長老主義の三原理が、聖書から正当かつ必然的に演繹された教理であると確信する（この章は John Dick: *Lectures on Theology* に負うところが多い）。

2 教会政治の諸形態

分類

教会政治の諸形態を截然と分類することには、困難さがつきまとう。その理由は、第一に、教会政治のどの形態も静的固定的なものでなく、動的発展的であって、歴史的に変化してきている上に、第二に、教会政治の形態についての主張は、国家と教会についての見解と結びついていることが事態をいっそう複雑にしている。さらに、第三の理由として、現在において多くの教会が、諸形態のいろいろの要素を採り入れた、混合方式をとっていることをあげることができる。

しかし、歴史的観点から、基本的と考えられるものを、次のように分類できる。

（A）教職位階主義。この中には、ローマ・カトリック教会、ギリシャ正教会、及びイギリス聖公会などの監督主義の諸教会が含まれる。

（B）領邦教会主義。これは、ルター派教会の教会政治形態である。

（C）会衆主義。これは、組合教会及びバプテスト諸教会の各個教会単立主義のことである。

（D）長老主義。長老教会及び改革派教会はこの形態をとる。

（E）無教会主義クエーカー（フレンド派）、プリマス兄弟団、日本の無教会派などの主張で、見える教会の組織化、制度化を否定する（これについては、本書Ⅰの「2　制度としての教会」を参照）。

教職位階主義（ヒエラルキー制度）

この形態は、教会政治が、教職のみに属するものであり、その教職に

位階があるという主張に基づいている（これについて、本書Ⅳ1「長老主義の三原則」のうち「教職の平等」の項参照）。長老主義においては、教職に賜物・職務の差があることは認めるけれども、教師たることの身分と権威において、すべての教職は平等であるとされるが、監督主義においては、監督（主教または司教）、長老、執事という教職中の位階を認める。

これを論理的に最も徹底させた形態は、ローマ・カトリック教会である。

ローマ・カトリック教会

ローマ・カトリック教会によれば、地上教会統治の権能は、ローマの司教に与えられている。ローマ司教は、この至高の権威をペテロの後継者として有している。ペテロは初代のローマ司教であって、その権威をローマ司教座の後継者に与えた。ローマ司教は神によって立てられた唯一の司教ともいわれるべきもので、すべての監督の権威は、彼をとおして与えられ、すべての信者は、地上におけるキリストの代理者としての彼に服従する義務がある。無謬の教皇は、教会の教理と礼拝と統治を決定する権能を有している。もっとも、ローマ・カトリック教会の内部において、無謬性が教皇にあるのか、公会議にあるのか、教皇と公会議は何れが優先するかで意見は分かれるが、教皇を地上におけるキリストの代理者と認める点では一致がある。

ローマ司教優位についてのローマ・カトリック教会の主張には、三つの前提ないし仮説がある。

(a) ペテロの優位性。

(b) ペテロが、司教の資格においてローマにいたこと。

(c) もしそうであるとして、彼の権威がローマ司教座の後継者に移譲

されることである。

(a)を支持する聖句としてよく引用されるのは、マタイによる福音書16章18節である。「あなたはペテロである。そして、わたしはこの岩の上にわたしの教会を建てよう」における「この岩」は、ペテロ自身をさすのか、それとも、ペテロの信仰告白「あなたこそ生ける神の子キリストです」をさすのかということである。もちろん、ローマ・カトリック教会では、ペテロ自身をさすととるが、プロテスタントの中にも、このような信仰の告白をしたペテロ自身ととる人も多い。イエス・キリストの教会は、単なるペテロ自身ではなく、「イエスは主なり」と告白するペテロの上に建てられる。しかし、このペテロは、ペテロ個人というよりは、十二使徒の代表者としてのペテロである。教会は、キリストを告白する十二使徒の上にたてられている。その代表者はペテロであるが、ペテロの代表性は認められても、彼の身分的優位性を新約聖書から立証することはできない（IIコリント11：5、ガラテヤ2：1）。

次に、ペテロがローマ司教であったという仮説に対しては、第一に、一所定住を本旨とする司教職と、キリスト教会全体に対して使命をもつ使徒職とは相容れないことが指摘されよう。さらにペテロのローマ居住について、エウセビオスはそのことを記しているが（『教会史』Ⅳ・14・5-7）、聖書にはその記録がない。ペテロの第一の手紙5章13節にある「バビロン」を「ローマ」と解釈して、ペテロのローマ居住を推論する議論もあるが、これはヨハネの黙示録からの解釈であって、解釈法的には、象徴文学を普通の書簡から解釈するという常道の逆を行っている。パウロは、ローマ人への手紙の中で、ローマにいるペテロに何の挨拶も送っていないが、もしペテロがローマにいれば、当然ペテロの名を記したはずと考えられる。ローマのクレメンスもコリント教会宛ての手紙の中で、パウロの殉教にはふれているが、ペテロの殉教には言及して

いない。要するに、われわれは、ペテロのローマ居住については、明確な歴史的論証をもっていない。ましてや、彼がローマ司教であったということは、全く論証できない。

しかし、仮に百歩ゆずって、ペテロがローマ司教であったとしても、彼の権能が、その後継者に移譲されるということは、また別の問題である。われわれは、ローマ・カトリック教会の主張が、聖書的に証明されるとは考えない。

ギリシャ正教会

教職の位階性の主張が、聖書的でないことは、すでに明らかにしたところであるが、以下ごくかいつまんで、ギリシャ正教会と聖公会の制度について瞥見してみよう。

ローマ・カトリック教会が、教会統治権は、キリストからペテロへ、さらにローマ司教へと継承されていると主張するのに対して、ギリシャ正教会は、同じく使徒伝承を認めるが、キリストが、教会統治権をペテロではなくて、使徒団に与え、それは総主教団に継承されているとする。

ギリシャ正教会によれば、各個教会は各々長老によって牧されているが、長老の中で指導的なものは監督とよばれるようになり、さらに、都市教会の監督が地方教会の上に勢力を及ぼすようになり、都市の大小によってさらに支配関係が生じてきた。このようにして、監督（エピスコポス）の中にも位階が生じ主教（ビショップ）、大主教（アーチビショップ）、さらに地方首都にある府主教（メトロポリタン）、そして、最上位に総主教（パトリアーク）が存在するようになった。ギリシャ正教会では、ローマの司教を西方総主教と認めるけれども、他のアレキサンドリヤ、アンテオケ、エルサレム、コンスタンチノープルの各総主教に勝る優位を認めることはしない。この総主教団に、キリストからの教

会統治権能が継承されているとされる。

総主教の場所と数は、歴史的に変遷があった。ギリシャ正教会は現在では、ロシア、ギリシャ、シリア、ルーマニア等々においてそれぞれ国民教会として、各総主教のもとに統治せられ、各々自治教会として、全体的交わりを有している。

聖公会

聖公会も使徒伝承を主張し、教会統治権は教職にのみありとする。教職には、主教（ビショップ）、司祭（プレスビター、プリースト）、執事（ディーコン）の三職を含むが、各個教会は、司祭が司牧し、執事はこれを補佐する。各教会を包括する教区は主教によって統治される。日本では、十教区現在はあって、十人の主教がそれぞれの教区を統治している。教区を包括するものは管区で、これは主教会が統治し、主教会議長である総裁主教がこれを代表する。日本は一管区を形成しているがアメリカなどは八管区に分かれている[註]。

イギリスは、カンタベリーとヨークの二管区に分かれているが、イギリスは他の国の場合と異なって、総裁主教の代わりに、大主教（アーチビショップ）をおく。

世界の主教会議をランベス会議といい、カンタベリーの大主教が、全聖公会を代表する。

聖公会の中でのプロテスタント派をロー・チャーチといい、教会政治において、彼らは監督主義政治を教会の存在によって本質的に不可欠のものとは考えず、教会のよりよき存在、秩序の完成のため好ましいと主

〔註〕 現在、十一教区であり、十一人の主教がそれぞれ統治している。また、アメリカは現在、九管区である。

張する。これはフッカー（Hooker、1554-1600）の「教会政治」に示された立場であり、その代表的神学者は、ダーラムの主教ライトフット（J. B. Lightfoot、1828-89）である。

一方、監督主義政治形態が、教会の存在にとって本質的であるとの神定論を主張するのが、ハイ・チャーチで、聖公会内のカトリック派である。しかし、彼らは一般にローマ教皇の優位性は認めない。この派の主張の初期における代表者は、カンタベリー大主教ロード（Laud、1573-1645）であるが、19世紀のオックスフォード運動で再興され、その指導者ジョン・ヘンリー・ニューマンは、後に、ローマ・カトリックに回宗したが、彼の行動は、聖公会ハイ・チャーチの論理的帰結ということができよう。

アメリカの聖公会は、教職主義の原理に対して、プロテスタント原理を加味して、教職と信徒との合同会議の立法権を認めている。この行き方は、英国以外の諸国の聖公会の通例の形態となっているが、英国でも1962年以来、このような形の会議を採用するようになった。

聖公会より派生してきた諸教派、メソジスト、ホーリネス教団等は大綱において監督主義政治を採用している。

領邦教会主義

ルター派教会においては、教会の政治形態について、神が制定されたところはなく、教会政治の形態はすべて人間起源のものでアディアフォラとされる。教会がどのような政治形態をとろうとも、そこにおいて、み言葉の説教と聖礼典とが行われていれば、教会は存在すると認められる。

このような思想の背景には、救済論（信仰義認）と、万人祭司論の強調というルターの神学思想がある。ルターは、教会論においても、教会

におけるキリストの主権ということよりも、教会の目的が罪人の救いにあることを強調し、教会政治の形態を、たいして重視しなかった。したがって、ローマ・カトリック教会からの回宗にあたっても、政治形態はそのまま残すということになった。司教、大司教などがルター教会になってからも引き続きおかれるようになって、万人祭司論とは矛盾する教職位階主義が導入された。

しかし、万人祭司論の立場から、教会の特別な役員の統治的権威は否定され、教会統治の権能は、国王に帰せられた。これは、ドイツ宗教改革の歴史において、福音的な領主がルター派の人々を保護したという事実によっていっそう強化され、領主は教会に対して権威をもつようになり、教会は国家によって治められるようになった。

王は、教会統治のために、教会会議を任命し、教職と信徒からなるこの会議が、王の依嘱をうけて教会を統治する。

ルター派教会政治形態の一変型として、教会結社説（コレジアル）をあげることができよう。これは、国家も教会も共に純粋な任意団体であるとするグローチウスの思想に基づいている。これによれば、国家も教会も神的起源をもつ制度ではなく、人間の自由なる社会的契約であるとされる。したがって、国家と教会は、全く同じレベルであるから、国家は教会に対して、それを監視する以上の権限をもたない。教会は、教会自体が統治する。ただし、教会が欲するならば、ある権限を国家に委譲することができるとされる。

教会政治をアディアフォラとする考えは、無政府主義的思想を内包しているが、これは、教会の純潔と秩序のため、まことに危険であるばかりでなく、神のみ旨でないことを、明らかにしなければならない。

会衆主義と長老主義

歴史的にいえば、会衆主義は、イギリス国教会に対するピューリタン運動より起こった。ピューリタンは、イギリス国教会内にあるローマ・カトリック的残滓の徹底的純化を主張したグループで、教会政治的には、長老主義者と会衆主義者の両方を含んでいた。

会衆主義教会政治は、万人祭司の教理を、論理的に展開し、教会政治的に適用したものといえるが、その基本的原理ともいわれるべきものは、

(1) 各個教会（コングリゲーション）は、それ自体において、完結した独立的自治体である（インディペンデント）。
(2) 各個教会は、役員ではなく、会衆によって統治される（コングリゲーショナリズム）。
(3) 各個教会相互の交わりはあるが、その交わりは、統治的権能をもつ教会的結合ではなく、助言的機能をもつ組合にすぎない。すなわち、統治権の行使は、一つの会衆の中でのみしか行われない。

等の諸点である。

会衆主義は、長老主義とともに発展してきたので、この両者はすべての点で比較することができる。会衆主義の前記の三つの主張に対応して、長老主義は、

(1) 各個教会は自治的団体であるけれども、それは多くの各個教会がその肢として存在している一つの教会の一部である。
(2) 教会統治の権能は、キリストによって任命された役員にある。
(3) 各個教会の結合は教会的であり、段階的に構成される教会会議は、それぞれの範囲内で統治権の行使をなす。

ということを主張する。

(1) についての会衆主義の立論の根拠は、新約において、すべての教

会は単一のコングリゲーションであるという点に求められるが、たとえば、エルサレム教会の実例にみるように、多くのコングリゲーションが一つの教会を構成していたと推論されることからしても、この根拠は新約聖書において必ずしも妥当しない。

(2)について、教会統治権を、会衆主義は会衆におくが、長老主義においては長老会議におく。そもそも、教会統治権は、教会の王であるキリストから教会全体にあたえられているものであるが（監督主義においては、教職者に対して）、もしも教会を信者個人の自由な同意に基づいて組織される任意団体とするならば、会衆主義の主張は成立する。この場合には、役員より先に団体が存在しているからである。しかし、新約教会の場合には、団体より先に役員が存在した。すなわち、キリストが使徒にその使命を与え、天国のかぎ（説教する権能と戒規権能）を与えた時、彼らが役員となるべき新約の教会はまだ存在していなかった。その後の教会の役員は、使徒の補充や七人の選任にみられるように、会衆の同意を必要としたけれども、その任命は使徒たちによったのである。

(3)について、会衆主義においては、統治権の行使は、その統治権を委託した単一のコングリゲーションの中でのみ行われ、長老主義にみられるように、教会会議の段階性を認める上訴の法廷をもたない。ウェストミンスター会議における会衆主義者の一人であったジェレマイア・バローズ（Jeremiah Burroughs）は、会衆主義と長老主義の最も根本的な論点は、「み言葉と礼典によって会衆を牧するように、キリストから任命された牧師の統治権が、そのキリストの任命に基づく牧会権よりも広い範囲に及ぶことがあり得るか」ということであるとしている。すなわち、教会統治権は、常に各個教会の内に完結していて、中会であれ、大会であれ、また国家であれ、他のいかなるものからも干渉されないというのが、会衆主義の立場である。それに対して、長老主義は他の教師及

び教会が、共同的に、各個教会の統治権を監督することが聖書的な方法と考える。

3 教会職制

教会職制の根源

新約教会の職制は、歴史的に形成されていったものであるが、新約教会にはその初めから一つの職務が存在した。それは使徒である。使徒には、み言葉の宣教、礼典の執行、戒規の権能が委託されていたが、使徒行伝6章をみると、施しの職務も行っていたことが明らかである。使徒行伝6章から、われわれが知ることは、教会は使徒たちの提案を受け入れて、教会の奉仕がよりよく果たされるために、新しい役員を選出したが、これは決して新しい奉仕の分野の新設ではなく、すでに使徒によって行われていた奉仕を、よりよく果たすための、新しい職務の設置であったということである。長老及び教師も、使徒の行っていた奉仕を、分担するようになったもので、後代、新約教会において設けられた教師、長老、執事の三職務が果たすべき奉仕は、すべて使徒において統一的に果たされていたのである。この三職務は、預言者、王、祭司というキリストの三職に相応するものであるが、救い主キリストの一人格において統合されていた救いのための奉仕は、使徒に委ねられ、それより新約教会の三職が由来し、教会のかしらなるキリストに仕えるのである。

職務と賜物

職務は賜物を前提としているのであって、階級身分の上下を意味しない。その賜物は、必ずしも超自然的カリスマを必要とはしなかったが、

賜物をもつ人がすべて教会の定められた職務につくとも限らない。職務につくのは、神からの召命によるのであり、その職務のために必要な賜物が公的に認められるということで、その召命は確かめられる。旧約において、ダビデもダニエルもともに預言者的賜物をもちながら、預言者職には任ぜられず、王としてまた政治家としての職務に任ぜられた。テモテは、その聖書についての知識のゆえに（Ⅱテモテ3：15）、伝道者にふさわしいものとされてその職に任ぜられ、マルコはまた試みにパスして伝道者の務めを果たしていたと考えられる（使徒15：37-40、Ⅱテモテ4：11）が、これらは、職務と賜物に関しての聖書の教えを示す事例ということができよう。

新約教会における職務は、特別的臨時的なものと、通常的恒久的なものとに分けられ、前者は教会の建設、新約啓示の未完成という初代教会の特別な事情に応じるため、その期間だけ特別に定められたもので、それには、使徒、預言者、伝道者が含まれ、恒久的職務は、長老、教師、執事である。

i 特別的臨時的職務

使徒職

一般的には、使者という意味であるが、新約教会においては、特別な職務を意味し、イエスによって選ばれた十二人とパウロをさす。しかし、もっと広範囲に用いられることもあり、たとえば、バルナバ（使徒14：4、14、Ⅰコリント9：6）、テトス（Ⅱコリント8：23）、主の兄弟ヤコブ（ガラテヤ1：19）なども使徒とよばれている。

使徒の特別な任務は、新約教会の基をおくことであり、後代のクリスチャンがキリストと交わりをもつのは、使徒の言葉をとおしてであった。

このような特別な任務のため、特別の資格条件が使徒には要求された。それは、

(a) 神またはキリストから直接に任命されたものであること（マルコ3：14、ルカ6：13、ガラテヤ1：1）。
(b) キリストの生涯、特に復活の目撃者であること（ヨハネ15：27、使徒1：21、22、Ⅰコリント9：1）。
(c) 彼らの教えのすべてにおいて、約束のみ霊の霊感を受けているという自覚をもっていること（使徒15：28、Ⅰコリント2：13、Ⅰヨハネ5：9-12）。
(d) 宣教の神的起源の保証として、奇跡を行う力を与えられていること（Ⅱコリント12：12、ヘブル2：4）。
(e) 働きの結果について、神の祝福の承認があること（Ⅰコリント9：1、2、Ⅱコリント3：23、ガラテヤ2：8）

とされている。

したがって、この使徒という職務は、後世にその比をみない、初代教会独自のものであった。

預言者職

（新約の預言者については、使徒11：27、28、13：1、2、15：32、Ⅰコリント12：10、13：2、14：3、エペソ3：5、4：11、Ⅰテモテ1：18、4：14等参照）。

彼らは、教会の徳を建てるために語り、また未来のことを預言する賜物を与えられていた。これは新約啓示が最終的にはまだ完結していなかった時代、超自然的カリスマをもって、神のみ旨を啓示し、語る職務

として立てられたものである。したがって、新約啓示が完結し、新約聖書が結集されると、廃止されたのである。

伝道者（エバンジェリスト）職

ピリポ（使徒21：8）、テモテ（Ⅱテモテ4：5）、マルコ（Ⅱテモテ4：11）、テトス（Ⅱコリント8：23）などは伝道者とよばれているが、これが教会の職務であったことは、エペソ人への手紙4章11節から知られるであろう。

伝道者は、使徒の協力者、補助者として同行したり、また特別な使命をもって派遣されることもあった。彼らは、み言葉を説教して礼典を行い、長老を任命する権能と（テトス1：5、Ⅰテモテ5：22）、戒規権も有したと考えられる（テトス3：10）。一般の教師よりも、その権威の及ぶ範囲は広く、かつ高かったと考えてよいであろう。

ⅱ 通常的恒久的職務

(新約教会における職制については、ローマ12：6、7、8、Ⅰコリント12：28、エペソ4：11が参照される)。

ローマ人への手紙12章6、7、8節「このように、わたしたちは与えられた恵みによって、それぞれ異なった賜物を持っているので、もし、それが預言であれば、信仰の程度に応じて預言をし、奉仕であれば奉仕をし、また教える者であれば教え、勧めをする者であれば勧め、寄附する者は惜しみなく寄附し、指導する者は熱心に指導し、慈善をする者は快く慈善をすべきである」において、教え、勧め、寄附、指導、慈善の賜物が列挙されている。賜物に対しては当然職務が予想されるのであって、

預言という特別的一時的賜物に対して、恒久的なものとして、①教え、勧めること、（奉仕・ディアコニアはここでは、おそらく文脈上の位置からみ言葉の奉仕であろう）、②指導すること、③寄附、慈善のことの三つに分類することができよう。

コリント人への第一の手紙12章28節「神は教会の中で、人々を立てて、第一に使徒、第二に預言者、第三に教師とし、次に力あるわざを行う者、次にいやしの賜物を持つ者、また補助者、管理者、種々の異言を語る者をおかれた」は、教会の職務について語っている。その中、特別的なものである使徒、預言者、力あるわざを行う者、いやしの賜物をもつ者、異言を語る者に対して、教会の通常的恒久的職務としては、教師、補助者、管理者をあげている。補助者は物質的援助をつかさどる者、管理者は霊的指導を行う者ということである。

エペソ人への手紙4章11節「そして彼は、ある人を使徒とし、ある人を預言者とし、ある人を伝道者とし、ある人を牧師、教師として、お立てになった」において、牧師、教師は、教会の恒久的職務である。牧師は今日の教職者をいうのではなく、治会の任に当たるものをさしている。治会の任に当たる長老会議の議長としての教師をさして、牧師という呼称が、これからでてきたと考えられる。

このようにみてくると、新約における教会の通常的恒久的職務は三つあることが明らかである。第一の最も重要な職務は、み言葉の奉仕で、教えと勧めの働きをなし、礼典の執行が委託された。次の職務は、治会、戒規執行を果たすもので、第三のものは、施しと愛の奉仕に当たるものである。それらはそれぞれ教師、長老、執事とよばれる（Ⅰテモテ3：1-13、5：17、テトス1：5以下参照）。

（A）「治会長老」

　治会長老の聖書的根拠については、先にあげたローマ人への手紙12章7, 8節、コリント人への第一の手紙12章28節及びテモテへの第一の手紙5章17節、テサロニケ人への第一の手紙5章12節等をあげることができる。これらの聖句より、教会には、霊的指導、管理、治会に当たる職務が存在し、それは長老プレスビュテロス、または監督エピスコポスとよばれるものであり、この二つの呼称は互換的に用いられている（使徒14：23、15：6、22、16：4、21：8、使徒20：17、28、テトス1：5-7、Ⅰペテロ5：1-2）。

長老職の起源と歴史

　新約聖書において、長老職の起源について、特別の言及がないということは、この職務が新約教会の人々にとって、新しいことではなかったからであろう。一般的にいって、新約のキリスト教会の礼拝式と政治様式は、シナゴグより引き継がれたものが多かったが、長老職もまたシナゴグにおける制度であった（マタイ5：22、26：3、ルカ7：3、使徒4：8、23、5：21、6：12、23：14、24：1、25：15）。マックファーソンの『プレスビテリアニズム』（38頁）、によるとユダヤの各会堂には、長老たちがおり、その代表を大長老といった。会堂司は礼拝をつかさどったが、長老は会衆の一般的事項を統轄していたと考えられる。

　長老による統治というシナゴグの政治形態は、ユダヤ人キリスト教会に継承され（使徒11：30）、さらにそれは異邦人教会へと拡大されていった（使徒14：23、20：17、Ⅰテモテ5：17、19、テトス1：5、ヤコブ5：14、Ⅰペテロ5：1、5）。

しかし、治会の任に当たる長老の存在は、シナゴグよりもさらに溯って、古くイスラエルの初期に認められる。すでにエジプトにおけるイスラエルに長老の名がみえるが（出エジプト3：16、4：29、12：21）、出エジプトの後、モーセは民の代表としての長老によって、種々の段階の会議を構成し（出エジプト18：21-25）、その最高のものは七十人長老会議であった（出エジプト24：1、民数11：16、25）。カナン定着後も、長老の制度は引き継がれ、士師の時代（士師8：16、ルツ4：2）、王国の時代（サムエル上15：30、16：4、サムエル下17：15、歴代上11：3、列王上8：3、歴代下5：4）を経て、捕囚時代（エレミヤ29：1、エゼキエル8：1、14：1、20：1）、さらに捕囚より帰還の後にも及んでいる（エズラ5：9、6：7、10：14）。長老たちの職務は、司たち裁判人とともに、司法行政の面に関係したが（申命21：1以下、エズラ7：25、10：14）、特にモーセとアロンを助けて、神の言葉を民に伝える仲介をなすとともに（出エジプト3：14、4：29、19：7）、神の前に民を代表するという宗教的機能を果たしていたと思われる（出エジプト17：5、24：1）。

このようにして「教会には、律法時代にも民のために長老が立てられていたように、福音時代にも、キリストは、み言葉の役者以外に、教会員の中から治会の任を託し得る人々を教会のために備えられた。これを治会長老という」（日本キリスト改革派教会「政治規準」第52条）。

治会長老の職務

治会長老の職務は、治会（rule）という一語で包括されるが、その内容は次のことを含んでいる。

(a) プロエステミ（ローマ12：8、Ⅰテサロニケ5：12、Ⅰテモテ5：17、3：5）。この語は、「指導する」または「治める」と訳されており、権威をもってつかさどるということで、管理及び監督という面

を含んでいる。
(b) キュベルネイセイス。コリント人への第一の手紙12章28節で管理者（Government, Govenor）と訳されている。同じ語は、使徒行伝27章11節及びヨハネの黙示録18章17節で「船長」と訳されており、「方向を与える」という内容をもつ。
(c) エピスコポス（使徒20：28）。監督で「世話する」「面倒をみる」という意味である。
(d) ポイマイノー「牧する」。使徒20：28、Ⅰペテロ5：2。

　監督と牧師という名称は、現在治会長老に対してより、教職に対して用いられるが、これは長老会議々長としての教師に対して用いられたことに由来するといえよう。

　さて、使徒行伝20章17-35節は、特に28節で、長老と監督と牧師の三つが一つの職務の働きとして示されている上に、牧会の内容についてのパウロの教えを鮮やかに示したものとして有名である。35節において、パウロは、エペソの長老たちが、彼の模範に従うべきことを勧めているが、彼自身3年間エペソ教会を牧会したのである。エペソ教会を牧会しつつ、彼はそこを中心に小アジアに広く伝道したが、彼の牧会伝道は、み言葉を教えることにあった。すなわち、謙遜の限りをつくし、キリストのしもべとして仕え、公衆の前でもまた各家においても、神の言葉をあますところなく教えた（19-21節）。そして牧師としての彼の責任を、今エペソ教会の長老たちに委ねようとするにあたり「どうか、あなたがた自身に気をつけ、またすべての群れに気をくばっていただきたい。聖霊は、神が御子の血であがない取られた神の教会を牧させるために、あなたがたをその群れの監督者にお立てになった」という。神が、教会をみ子の血であがない取られたということは、牧師の責任に対して、この上ない重味を加える。エペソの教会は、神の教会である。

「牧する」ということは、四つの点をもつ。

① 「気をくばる」（使徒 20：28）。これは、牧師と群れとの間に存在すべき生命的人格関係を示している。それは羊飼いと羊の群れとの間の関係に比較されるべきもので、イエスはヨハネによる福音書 10 章 3-5 節にそれを示している。「気をくばる」ことは、「個別に知る」ということであり、「その名を呼ぶ」（ヨハネ 10：3）ということである。

② 「養う」（使徒 20：28）。「牧する」ということは、もともと、「養う」ということである（ヨハネ 21：15、16、17）。霊的養いは、み言葉を説教し、教えるということによって、なされる。

③ 「涙をもって、ひとりびとりをさとす」（使徒 20：31）。戒め、慰めることである。

④ 「保護する」。使徒行伝 20 章 29、30 節にあるように、内に外に群れを荒らし滅ぼそうとするものがあるとき、それから、群れを「守ら」ねばならない。

このように、み言葉を教え、それをもって、群れを養い、守り、み言葉に従って生活させることが牧会であるが、牧会の根本的要件は、キリストのゆえに、羊を愛し、羊のために命を捨て得るものとなることである。「よい羊飼は、羊のために命を捨てる」（ヨハネ 10：11、15）。

長老は、使徒の権威のもとで、教会を管理指導、牧会、監督するものであり、その職務の中には財的管理も含まれていたと示唆されるが（使徒 11：30、21：18）、その主なる職務は霊的統治で、それにかかわるものとして、物的な面をも含んだであろう。ヤコブの手紙 5 章 14 節には病人を訪問し、慰めること、また罪のゆるしのために祈ることが示されており、神の民に教え、勧めることも長老の重要な仕事であった（Ⅰテ

モテ3：2、テトス3：9)。

　これらの長老の職務は、すべてのキリスト信者が信者として果たすべきつとめでもあることは確かである。長老は、これを治会長老として果たす。そこに、義務と責任が出てくるが、それは外的強制としてではなく、内よりおこる喜びをもってなされるはずである。

　長老は、これらの職務を個別的にするのみでなく、他の長老と共同的に、教会会議の議員として、教会の霊的統治に与(あずか)るのである。

　教会を統治するものとしての長老について語るとき、主イエスが示したもうたキリスト教会における権威と統治の全く新しい原則、すなわち、治める者は仕える者である、ということを深くおぼえねばならない（マタイ20：25−28、ルカ22：25−27)。新約聖書において、治者に対して用いられる通常のギリシャ語アルコーン（支配者）が教会の役員に対して用いられていないのは、意図的なのである。

治会長老の資格

　治会長老の資格については、テモテへの第一の手紙3章1−7節とテトスへの手紙1章6−9節にでているが、両者ほとんど差がないので、テモテへの手紙に基づいて考える。テモテでは監督となっているが、前述のように、「監督」と「長老」とは同一職の異名であるという見解に立って、ここは「長老」の資格を教えているととる。テトスへの手紙の場合で、「監督」と「長老」とを互換的に用いていることは、この見解の正しさを支持するものである。

　キリストの教会における長老職は「良い仕事」であるという。「良い仕事」は、主イエスがマタイによる福音書5章16節で、「よきおこない」といわれていることと関係している。すなわち、それによって、クリスチャンが、キリストにある光を人々の前に輝かし、人々がそれを見

て、天にいます父をあがめるようになる、という意味での「良い仕事」である。

したがって、そのためには、資格が要求され、不断の修練が求められる。パウロは、ここで15の賜物をあげている。①「非難のない人」、②「ひとりの妻の夫」、③「自らを制し」、④「慎み深く」、⑤「礼儀正しく」、⑥「旅人をもてなし」、⑦「よく教えることができ」、⑧「酒を好まず」、⑨「乱暴でなく」、⑩「寛容であって」、⑩「人と争わず」、⑪「金に淡泊で」、⑫「自分の家をよく治め、謹厳であって、子どもたちを従順な者に育てている人」、⑭「信者になって間もないものでなく」、⑮「教会外の人々にもよく思われている人」。

長老の基本的資格は冒頭にあるように、「非難がない」ということで、それは、教会の内と外からのよき証言をもって裏付けられねばならない。①〜⑭までは、教会内、⑮は教会外の証言であるから、強調点が前者におかれていることは明らかである。教会内での証言は、主として肯定的な表現で示されているもの①〜⑦と、否定的表現で示されているもの⑧〜⑭の二つの部分に分けられる。

長老に要求される資格の第一にあげられる「非難がない」は、総括的な意味をもっている。もちろん、単に「評判がよい」というだけでなく、内実において真にそれに価するものでなければならない。それはまず、結婚生活において、「ひとりの妻の夫」であるということである。これは必ずしも長老が既婚者でなければならないということを意味しないが、一般的には、既婚者であることが前提とされている。性関係における道徳性が、長老の資格とされていることは、異教社会における一夫多妻の習慣にかんがみて、重要である。しかし、これを再婚者（配偶者に死別した）は、長老の欠格者である（テルトリアヌス）という意味にとるのは、誤りである。「自らを制す」るとは、バランスがとれているという

ことであり、「慎み深く」も、判断の健全性を意味する。そこには、年輩者として知恵、判断力が、治会能力として要求されている。以上は主として、内面的道徳性における卓越性にふれているが、⑤以下では、それが外に表された外的態度について語られている。「礼儀正しく」は、外的な礼儀正しい態度、立ち居振る舞い、服装態度の礼節を意味する。⑥は、愛の表れとしての見知らぬ「旅人」への親切、ただ、身内のものに対するのみでなく、すべての人に対する優しさである。⑦は、愛から理性へと移って、長老はよく「教える」ことができるよう求められる。教会を治め、神の民を導く根本は、み言葉に従ってであるゆえ、み言葉を教える賜物は、牧会者に必須である。

　⑧以下は、否定的表現でなされる種々の徳があげられている。「酒を好まず」は極端な飲酒はいけないということであろう。⑨「乱暴でなく」は、ボクシングで相手をノックアウトするという語であるから、「喧嘩早く」なく、暴力をふるわないということである。飲酒と暴力とは深く関係している（箴23：29、30）。⑩の「寛容であって」は、福音の真理を妥協しないが、喜んで自分の権利をすてる（Ⅰコリント6：7）ことである。これは、否定的表現が続くこの文脈の中での唯一つの肯定的表現で、これをはさんで、「乱暴でなく」と⑪「人と争わず」が対応している。「乱暴でなく」、すなわち、腕力の行使をしない人でも、「人と争う」ものは長老にふさわしくない。⑫「金に淡泊で」は、不正な手段を用いて、金をつくることに執着しないということ以上に、たとい正当な手段であっても、富をこの世の目標とは考えないということである（Ⅰテモテ6：9、10）。次に、「自分の家を治める」ことが、教会を治めるものの条件である。家を治めるとは、子どもを従順な者に育てている人、すなわち、クリスチャン・ホームとして、妻子を神に従順なものとして治め育てているということである。ただ、家庭が平和であるという

のみでなく、霊的に家を神にささげているものが長老にふさわしい。自分の家を治めることもできなくて、何で神の家の治会の任を託すことができようか。「良い忠実な僕よ、よくやった。あなたはわずかのものに忠実であったから、多くのものを管理させよう」（マタイ25：21、23）という原則に基づいている。長老はまた「入信間もないもの」であってはならない。「高慢になって、悪魔と同じ審判を受けるかもしれない」。最後に、長老は、教会内でよき信仰の証しをたてているのみでなく、「教会外の人々にもよく思われている人でなければならない。そうでないと、そしりを受け悪魔のわなにかかるであろう」。外部の人々は、教会の内では知られない一面を知っていることがある。そして、このことは、教会の伝道とこの世における証しのため必須の資格ということができる。

　要するに、治会長老の「職務を担当する者は、健全な信仰を持ち、家をよく治め、生活に恥じるところがなく、言葉と行いにおいて、群れの模範である男子でなければならない」（日本キリスト改革派教会「政治規準」第44条[註]）。この治会長老の資格は、もちろん教師にもあてはまる。「教師」の場合は、さらに「教える賜物」が、これに加えて、重くみられる。

　誰かよくこの任に耐え得るであろうか。この職は、神の召しによらねばつきえないものなのである。神は、召した者に、聖霊の賜物を与えて、召しを行い得るものとしてくださる。神の前に「無益なる僕です」と告白する者のみが、神の召しに従って歩み得るものである。われわれには、この神の召しに応えて、不断の祈りと修練が必要とされるのである。

　　〔註〕　規則改正によって2016年10月から女性教職・長老も認められるようになった。

神の家を治めるべく召された職務は、まことに尊いものである。

(B) 教師

教師と長老

　日本キリスト改革派教会は、教会の役員として、教師、長老、執事の三つの職務を認め（「政治規準」第4条）、教師の教籍を中会に属せしめている。教師の教籍を中会におくことは、英米系長老教会の伝統であって、このことによって、み言葉の教師としての権能が各個教会よりも広い教会範囲に及ぶことを示している。これに対して、大陸系改革派教会においては、教師の教籍を各個教会に属さしめている。

　一方、「政治規準」においては、教師を「み言葉に仕える長老」と規定して、教師が本質的には長老であることを主張している（第1、4条）。この考えを推し進めていくと、教会の職務は本来、長老と執事の二職であって、教師職は長老職より分化発展してきたものであるが、本質的には長老であるとされる。

　これはまた先に述べた教師の教籍の問題とも関係があり、教師が本質的に長老であるならば、教会籍は各個教会に帰属せしむべきであるという主張もでてくる。

　教会職務の三職制か二職制か、教師の教会籍をめぐって、ある不徹底性が、長老主義政治形態の中にあると考えられるが、これらの問題に関係するものとして、教師職の起源について、考えてみる。

教師職の起源についての通説

　先ず、マックファーソンの『プレスビテリアニズム』に従って、教師職の起源についての、彼の見解をたどってみよう。

彼によると、長老は、もともと治会の任に当たるものであったが、歴史の過程において、治会の任に当たるとともに、教えることに奉仕する長老が必要とされてきて、その結果、長老職の中に、治会の任に専ら当たる長老と、教えることに奉仕する宣教長老が分化し、宣教長老が教師という職務になったとされる。

ここで関連ある聖句は、テモテへの第一の手紙5章17節である。「よい指導をしている長老、特に宣教と教(おしえ)とのために労している長老は、二倍の尊敬を受けるにふさわしい者である」。

ここで「指導している」プロエストーテスは、3章5節で「治める」と訳されている語であり、ローマ人への手紙12章8節で「指導する」、テサロニケ人への第一の手紙5章12節でも同様に「指導」と訳されている。原語はプロエイテーミで「治める」「指導する」という意味で、教会の職制としての長老の治会をさしている。テモテへの第一の手紙5章17節では、「よい指導をしている長老」、すなわち「よき治会長老」の後に「特に宣教とおしえとのために労している長老」と付け加えているが、この両者の関係が問題になる。マックファーソンはこれについて二つの見解があるとする。一つの見解は「労している」に強調点をおく。これにおいては、すべての長老は「教える」ものとされる（Ⅰテモテ3：2、テトス1：9）。すべての長老は教える役目をもっているが、その中で、そのことに「労している」長老は「二倍の尊敬」（その意味について三つの解釈がある。①尊敬と謝礼、②二倍の謝礼、③二重の尊敬）を受けるという。したがって、この見解においては、この聖句は宣教長老と治会長老の区別を示していない。もう一つの見解は、ここでは、治めるだけの長老とは区別された、治会とともに教えに従事する長老をさしているとする。ここに、すでに職制の区別があるという程には主張されないが、同じ長老という職制の中で、賜物による働きの区別のあっ

ことが示唆されており、将来の両職の分化の萌芽をみるとされる（マックファーソン、40頁）。

ギレスピーなどは、使徒時代にすでに教師と長老の職制の区別があったというが、今日の教会史家は、そのような区別があったということの証明はないと、マックファーソンはいう。

教会の数がまだ少なく、使徒たち及びその同労の伝道者たちの来訪も頻繁であり、かつカリスマの所有によって預言者である者や、教える賜物を有する一般信徒の多かった頃は、各教会においてみ言葉を教える特別な職務を必要としなかったが、やがて使徒時代が終わり、教会や会員の数が増加し、特別啓示が完結するとともに、教会において公的に教え、勧める職務を必要としてきた。その重要な働きをなす人々は、当然長老の中から求められたであろう。彼らは、最初長老職として教えに従事していたが、やがて教師という職制を形成するに至ったと、マックファーソンは述べる[8]。

教師職の独自性を示す聖句の解釈

このように、現在の教師職は、治会長老職より分化発展したものであるとするとき、新約聖書の中で、教師という職務が既に存在していることを示唆しているとみなされる聖句は、どのように解釈すべきであるか、という問題がでてくる。

今、これと関連のある聖句を列記してみる。新約聖書において、「教師」（ディダスカロス）は約60回でてくるが、その中、約半数はイエスに対して用いられている。これは「弟子」に対応する概念である。注目

---

8) 同じ見解はベルコフ『組織神学』（586頁）、岡田稔『キリストの教会』（145–155頁）に見出せる。

すべきことはヨハネによる福音書1章38節において、これがラビの訳語とされていることで、後期ユダヤ教におけるラビとシナゴグの長老に対応するものとして、初代教会において教師と長老がおかれてくる方向を示しているといえよう。

使徒行伝13章1節では「さて、アンテオケにある教会には、バルナバ、ニゲルとよばれるシメオン、クレネ人ルキオ、領主ヘロデの乳兄弟マナエン、およびサウロなどの預言者や教師がいた」と記されている。ここで、預言者を、使徒及び伝道者とともに新約の使徒的教会における特別な職務とするならば、これと併記している「教師」を、単に賜物及び働きにしてしまうことはできない。

ローマ人への手紙12章6、7節では、「このように、わたしたちは与えられた恵みによってそれぞれ異なった賜物を持っているので、もし、それが預言であれば、信仰の程度に応じて預言をし、奉仕であれば奉仕をし、また教える者であれば教え、勧めをする者であれば勧め、寄附する者は惜しみなく寄附し、指導する者は熱心に指導し、慈善をする者は快く慈善をすべきである」と、述べられている。この中で、教える者と勧めをする者とが、教師の働きに関係している。ここで一応二つに分けられているが、テモテへの第一の手紙4章13節では、テモテに対してこの二つが一つに結合されて「教え、勧める」ことが命じられている。また、テトスへの手紙1章9節でも、長老に対して「健全な教（おしえ）によって人をさとす」（パラカレオー＝勧める）ことが要求されていて、教えと勧めの結合がみられる。ローマ人への手紙のこの個所が、主として、教会内の賜物について語っていることは、文脈より明白であるが、他の聖句との関連において、この賜物を用いて奉仕する職制が暗示されているとする見解が多い。殊に、「指導する」（プロエスタメノス）は、テモテへの第一の手紙3章5節、5章17節、テサロニケ人への第一の手紙5章

12節とともに、治会長老の賜物のことであり、これらの個所においては長老職の存在が既に認められているわけであるから、教える者の場合にも、これと同様のことが主張されても行きすぎではないであろう。

第三の関連聖句は、コリント人への第一の手紙12章28節である。「そして、神は教会の中で、人々を立てて、第一に使徒、第二に預言者、第三に教師とし、次に力あるわざを行う者、次にいやしの賜物を持つ者、また補助者、管理者、種々の異言を語る者をおかれた」。ここにおいては、「神が教会の中で立て」たもうた職務が列記されていると考えられる。その中で、使徒時代の教会に特別な職務は、「使徒」「預言者」「力あるわざを行う者」「いやしの賜物をもつ者」「異言を語る者」で、通常の職務とされる者は、「教師」「補助者」「管理者」である。

「補助者」（アンティレイムペイス）は、物質的な助けに携わるもので、後の執事職に相当するであろう。「管理者」（キュベルネイセイス・Government）は、霊的指導に当たる職務で、治会長老をさしている。これらの職務と区別されて、「教師」があげられているが、これは、超自然的カリスマをもたないが、教える賜物をもった人々で、啓示を新しく伝達する預言者等と異なり、啓示を教えることの職務である。

次に、エペソ人への手紙4章11節をあげることができる。「そして彼（キリスト）は、ある人を使徒とし、ある人を預言者とし、ある人を伝道者とし、ある人を牧師、教師として、お立てになった」。ここでも、教会の職名があげられているが、牧師と教師の関係について、異なった見解がある。カルヴァンは、これを二つの異なった職務ととり、牧師は戒規、礼典の執行、訓戒、勧めを行うが、教師は教えること、すなわち、教理教育と聖書解釈を、その職務の内容とすると考える（カルヴァン『キリスト教綱要』Ⅳ・3・4）。ウェストミンスター政治基準も、この聖句に基づいて牧師（Pastor）と教師（Teacher または Doctor）と、治会長

老と執事の四つを教会の恒久的職務としている。そして、教師について次のように規定している。「聖書は牧師と同様に教師という名称と称号を示している。教師は牧師と同じくみ言葉の役者(えきしゃ)で、礼典を執行する権能をもつ。主は、み言葉の奉仕において、異なった賜物を与え、これらの賜物に従って、種々の奉仕をなさしめられる。これらの異なった賜物を同一の役者が有し、彼が一人でそれらを行使することもあるが、一つの教会に幾人かの役者がいるとき、彼らがそれぞれ秀でている賜物に従って異なった用いられ方をすることができる。すなわち、み言葉を適用することよりも、聖書の解釈、健全な教理、反対論の説得にすぐれている人が、そのように用いられるとき、教師またはドクターとよばれる(名称はそのおかれた場所によって異なる)。教会に一人の役者しかいないときは、彼はできる限り全部の奉仕をすべきである。旧約における預言者の学校、エルサレムにおいてガマリエルその他の人々がドクターとして教えたように、教師、ドクターは、学校や大学で最もよく用いられる」。

しかし、このように、牧師と教師を別個の職務とする解釈は、教師の方に冠詞がなく、牧師と教師が全体として、一つの冠詞で総括されているので、支持されないとする反論(C・ホッジ[C. Hodge])は、有力である。すなわち、牧師、教師は同一の職務をいっているのであって、牧師は治会長老の別名であり(Ⅰペテロ5:2、使徒20:28)、彼らは教えることを要求されていたので教師とよばれているという(この場合にはむしろ牧師たることの方に強調点がおかれているわけであるが、また、一つの会衆にだけ奉仕する牧師としての教師をさしているという説もある)。

最後にヤコブの手紙3章1節にふれておく。カルヴァン、トマス・マ

ントン等は、教師職をいっているのではなく、「他人をさばく人」のことを意味するとしているが、「わたしたち教師」と、ヤコブが自分を教師の中に含めていることからして、教師職をさしているといえるであろう。

　以上の諸聖句からして、使徒時代の教会において、教師とよばれる職務が存在したという事実を推論することは無理ではない。
　旧約時代において、捕囚以後旧約聖書が正典化されて以来、エズラのように、聖書の研究と解釈に従事する教師が生じてきた。彼らは新約聖書において、律法学者、ラビとよばれ、ユダヤの宗教社会において重要な地位を占めた。イエスが公生涯を始められたとき、ユダヤ人たちはイエスを新しい教えを教えるラビとし、イエス自身もこれを受け入れられて、弟子たちはイエスをラビ、教師とよんだ（マルコ1：27、ヨハネ3：2、13：13）。イエスの死後、十二使徒が新しい教えの教師（ラビ）とみなされた（使徒たちは教えた ── 使徒2：42、4：2、5：21、25、28、42）。しかして、教会が発展するとともに、当然十二使徒以上にみ言葉の教師を必要とするようになり、このようにして、たとえば、サウロとバルナバは、アンテオケ教会で教え（使徒11：26、15：35）、パウロは自分を異邦人の教師（Ⅰテモテ2：7、Ⅱテモテ1：11）とよんでいる。アンテオケ教会には、バルナバとサウロの他に、ニゲルとよばれるシメオン、クレネ人ルキオ、領主ヘロデの乳兄弟マナエンなどの預言者や教師がいた（使徒13：1）し、アポロもまた聖書に精通した教師といわれている（使徒18：25）。
　このように、神の言葉の上に立つキリスト教会において、神の言葉を教える教師が重要な地位を最初より保ち、使徒以外にも教師とよばれる人々が存在したと考えられる。

しかし、そもそも教師職の根源は使徒職にあり、彼らが唯一の権威ある教師であり、使徒の教えに合致することが、教会の信仰の真偽のテストであった。したがって、そこには、真の教師と並行して、偽りの教師が存在したことも事実であり（使徒20：30、Ⅱテモテ4：3、Ⅱペテロ2：1）、このことからもかえって、教師職の存在が裏付けられるであろう。

教師職の起源と長老の概念

さて、このように、教師が教会の当初より存在していたとするならば、これと長老職との関係はどうか。教師職が治会長老職より分化発展したものでなく、長老職とは別個に存在していたものとすれば、これと長老職との関係はいかにということである。これについては、長老という名称と概念が新約聖書において、決して一定に用いられてはいないということに留意すべきであろう。新約聖書においては、少なくとも後代の教会における治会長老という意味で用いるテクニカルな意味でのみ、長老という名称が用いられたのではない。それはしばしばきわめて広義の一般的名称として用いられている。たとえば、使徒ペテロ及びヨハネが自らを長老とよんでいるときの長老は（Ⅰペテロ5：1、Ⅱヨハネ1、Ⅲヨハネ1）、決してテクニカルの意味の治会長老とはいえまい。そして、おそらく、広義の長老には、預言者、教師、管理者を含めていたといえよう。エルサレム教会の構成は、使徒たちと長老たちと教会という表現によって表されているが（使徒15：4、22）、長老たちの中には、バルサバというユダとシラスとが含まれていた（15：22）。彼らは、「兄弟たちの間で重んじられている人たち」（ヘーグーモノス、leading）といわれているが、ヘブル人への手紙13章7、17、24節において、み言葉を語り、教会を治めている長老を指導者（ヘーグーモノス）とよんでいることを、

これとの関連で見るとき、バルサバとシラスは長老でありつつ、かつまた預言者（使徒 15：32）であった。

　結論的にいうならば、使徒時代の教会は、使徒の権威のもとに、広義の長老によって統治されており、中にはみ言葉を教える預言者、教師及び専ら治会に当たる管理者も含まれており、それらの区別は使徒時代においてなお流動的であったといえよう。それがやがて分化発展して、み言葉を語る教師職と、専ら治会に当たるいわゆる長老職とに定着していったのではないか。

教師の職務

　聖書において、み言葉の教師は、その職務の多様性のゆえに様々な名称を与えられている。「キリストの群の監視者であるゆえに監督と名付けられ、羊の群を霊的に養うゆえに牧師、教会においてキリストに仕える者であるゆえにしもべ、羊の群に対し分別と知恵をもち、かれらの模範となり、キリストの家キリストのみ国をよく治める義務を持つ者であるゆえに長老、罪人に神のみ旨を宣言し、キリストによる神との和解をすすめるために遣わされた者であるゆえに使徒とよばれる。さらに無知の中に滅びつつある者に救いの音信をもたらす者であるゆえに伝道者、福音を宣教するために立てられた者であるゆえに説教者、み言葉を解説し健全な教理を説き、反対論を論破する者であるゆえに教師、神の多種多様の恵みとキリストが制定された礼典を取り扱う者であるゆえに神の奥義の家令とよばれる」（日本キリスト改革派教会「政治規準」第43条）。

　その中で、み言葉の役者（えきしゃ）としての教師の本質が「しもべ」として規定されていることに注目したい（Ⅰコリント 3：5、Ⅱコリント 3：6、エペソ 3：7、6：21、コロサイ 1：7、23、25、Ⅰテモテ 4：6 ではディアコ

ノス。Ⅰコリント4：1ではヒューペレテース。さらにⅡコリント4：5では、デューロスといわれている)。キリストの教会においては、教えることは奉仕、ディアコニア（サービス）であり、その奉仕は愛に根差し、神よりの賜物に従ってなされる。それ故に、その奉仕は神よりの召命である。

　教師の働きの中心は、み言葉を教えること、和解の言葉を伝えること（Ⅱコリント5：18）である。教師の働きは、和解とそれが関連をもつすべての面にわたって多様であるけれども、それは常にみ言葉を教えることにおいて果たされる。

　そして、み言葉を教えることは、教会の中におけるすべての職務にまさって重要なことで、エペソ人の手紙4章11-16節にあるように、使徒、預言者、伝道者、牧師、教師によるみ言葉の奉仕は、聖徒をととのえて奉仕のわざをさせ、キリストのからだなる教会を建てさせるのである。み言葉によって教会は真理を教えられ、愛のうちに各部分は分に応じて働いて、からだを成長させ、神の子を信じる信仰と知識において一致し、全き人となり、教会の完成に至る。み言葉の職務は教会の完成に至るまで続く恒久的職務であり、教会の成長と完成のため、その中心的生命的職務である。カルヴァンはいう、「み言葉の奉仕を、ここに記されている目的に向かうもの以上に高く評価はできない。すなわち、教会をたてて完成に向かわせるより高貴な仕事はないからである」。

（C）執事

執事職の起源（使徒6章）

　使徒時代の教会において、執事ディアコノスという職務があったことは、新約聖書から明らかである（ピリピ1：1、Ⅰテモテ3：8）。コリン

ト人への第一の手紙12章28節にある補助者は、使徒たちや教会の役員を助ける人々の総称とも考えられるが、少なくともその仕事の中で、執事の職務である貧しきもの、または病めるものの世話など、物質的援助をすることが大きな部分を占めていたと理解される。補助者の原語アンチレイムフェイスは、使徒行伝20章35節で、「弱い者を助ける」と訳されている語と同じである。またローマ人への手紙12章8節の「慈善をする者」は、賜物を主眼点として職制を直接さしていないとされるが、かかる賜物をもっている職制の存在は当然予想されるところでもある。

このように、新約においては、執事という職務が存在し、それが慈善と愛の奉仕に従事したと考えられるが、執事職の起源についての明確な記事はない。しかし、これと関連して、しばしば使徒行伝6章における七人の選任の記事が論じられるので、この点の関連を考えてみよう。

使徒行伝6章から、次の諸点をあげることができる。

①ここにおける七人の選任は、教会役員の制定及び選出であること（6：6）。

②ディアコノスという名称はでてこないが（但し、ベザ写本には、1節の終わりに「ヘブル人のディアコノスによって」と付加がある）、ディアコニア（名詞）、ディアコネオー（動詞）が、「奉仕」という一般的な意味で使われている。口語訳聖書では、「日々の配給」（6：1）、「食卓のことに携わる」（6：2）、「もっぱら祈と御言のご用に当る」（6：4）と訳されているが、ディアコニアには、祈りとみ言葉のディアコニアと食卓のディアコニアがあった。

③七人に託された仕事は、使徒に代わって、食卓のディアコニア、すなわち、慈善の奉仕をすることで、後の執事の職務と一致する。

以上のことから、この七人の選任が、執事職と深い関係にあるということはわかるが、同時に、ステパノ及びピリポの説教者、伝道者、礼典

執行者としての働きを考えるとき（使徒6：8以下、7章、8：4-40、21：8）、またピリポが伝道者とよばれていることを併せ考えると、彼らの働きは、後代の執事職を含みつつ、それのみには限定されないものであったということができよう。

むしろ、七人はきわめてユニークな職務ではなかったのか。それは、使徒が「十二人」とよばれたように、彼らは「七人」（使徒21：8）とよばれていたことでわかる。彼らはいわゆる長老でもなく、執事でもなく、使徒に次ぐところの役員であったのではないか。そして、ステパノの殉教とそれに続く迫害によって、七人の働きが大きな打撃を受けたとき、これに代わって、長老と執事が任命されるようになったのではないか。

新約教会のすべての職務は、初め使徒の中に統一的に包含され、遂行されていたが、教会の発展に伴い、その中に分化が促され、その第一のステップが七人の選任であり、次いで預言者、教師、治会をなす長老及び執事職が発展的に形成されていったのではないかと考えられる。

したがって、七人が食卓に携わるといわれるとき、七人は慈善の業の管理的責任者であって、彼らの下に、実際の慈善の業の実務に当たる補助者がいたと考えられる。そして、使徒行伝5章6節及び10節の「若者」がこれに該当するものと推察される。このところのギリシャ語原語は、それぞれ異なった言葉であるが、ともに若者のことであり、彼らは長老の指導のもとに、その職務を助ける奉仕者であったと考えられる（Ⅰペテロ5：5、Ⅰテモテ5：1、Ⅰコリント12：28）。七人が選任される前、使徒たちが食卓の奉仕をしていたということは、使徒たちが自ら手を下して、その仕事を実際にしていたというよりは、彼らの監督と指導の下に、アガペーと主の晩餐において食物と飲物の分配に従事する奉仕者がいたと考えるのが順当であろう。七人が使徒に代わって、その責任を負うようになったとき、七人を執事の起源とするよりは、後代の執

事職の起源を、この若者とよばれる奉仕者に求めることができる。使徒及び長老たちの奉仕者ディアコノスが（マルコ、すなわちヨハネ－Ⅱテモテ 4：11。テモテとエラストス－使徒 19：22）、一つの職務に発展し牧会書簡にみられるような執事職になったと考えられる。さらに、そのもとを探るならば、シナゴグにおけるヒューペレテースに求められるであろう。第一次伝道旅行の際、パウロとバルナバは、マルコをヒューペレテース（助け手）として連れていたとあるが（使徒 13：5）、この語は、ルカによる福音書 4 章 20 節で「係りの者」、マタイによる福音書 5 章 25 節で「下役」と訳されているもので、シナゴクで聖書を手渡すなど、礼拝の奉仕をしたり、またシナゴグの判決を実行する役人であった（マタイ 26：58、ヨハネ 7：32、45-46、18：12、18、22、使徒 5：22、26）。

キリスト教会は、このような制度を採用し、これを新しい内容を盛った職務へと発展させていったと考えられる。

執事の職務

福音書において、ディアコノスは次のような意味に用いられている。

①食卓に仕えること（ルカ 4：39、10：40、12：37、17：8、22：26、27、ヨハネ 2：5、9、12：2）。

②飲食よりさらに広く、一般的に生活の必要を満たすために、仕えること（ルカ 8：3、マタイ 27：55）。

③人に仕えること一般をさす（マタイ 20：26、23：11、ヨハネ 12：26）。

これらは、後の執事職が果たすとされた職務と同一である。執事は、①食卓の奉仕者として主の食卓に奉仕する。アガペーと主の晩餐において、パンとぶどう酒を配ることの奉仕をする。②主の食卓にささげられ

たもの、施しを集め、貧しきものの必要に応じて分配するなどの務めをした。

執事は、これらの職務を、教会の霊的管理者である長老会議の指導と監督のもとに行った。

このように、執事の仕事は、外的生活の分野に関係するものであり、したがって、彼らは霊的な権能を行使しない。しかし、人間の物的生活は常にその霊的生活と切り離しては考えられないので、その意味において、執事職もまた、霊的職務ということができる。

執事の資格（第一テモテ3章8-13節）

執事の資格について、パウロは、テモテへの第一の手紙3章において、長老に引き続いて、8節以下に述べている。

第一にあげられることは「謹厳」である。「謹厳」は「きよさ」に通じることで、霊的品性のことをいう。執事は、物的な面を取り扱うことによって、霊的生活に奉仕するものであり、教会の職務として、まず霊的品性があげられるわけである。

「二枚舌を使わず」は、口の軽い、噂好きの人であってはならないという意味である。執事は物的必要に応じて奉仕をする職務上、他人の生活に立ち入ることが多いから、特にその点の性質が重くみられている。

「大酒を飲まず」「利をむさぼらず」は、長老のところであげられている「酒を好まず」「金に淡泊」という資格よりは、きびしい表現である。これは、度々いうように、執事職が、家から家を訪問して、物的生活の必要に奉仕するという職業柄、それに相応しい資格が、強く打ち出されている。

「きよい良心をもって、信仰の奥義を保つ」は、3章16節で「信心（敬虔）の奥義」といわれているもの、すなわち、キリスト教信仰（教

理）の本質をしっかりと把握していることである。長老の場合には、教える能力が要求されているが、執事の場合には、教理的知識というよりは、信仰の本質、それに基づく信仰的、霊的品性が重くみられている。

第12節にとんで「ひとりの妻の夫であって、子供と自分の家とをよく治める者でなければならない」は、長老の場合と等しい。神の家たる教会の役員になるには、自らの家庭の証しがテストとしてみられている。

執事という職務は、きわめて、重大な職務であるので、「彼らはまず調べられて、不都合がなかったなら、それから執事の職につかすべきである」(3：10) とされている。執事のみでなく教会の役員はすべて、長老会議において、慎重に試問されなければならない。

13節をみると、「執事の職をよくつとめた者は、良い地位を得、さらにキリスト・イエスを信じる信仰による、大いなる確信を得るであろう」と執事の地位について、言及している。「良い地位」に関して、これを「より高き職務」すなわち「長老職」とする見解がある。執事職をよくつとめるということは、長老職へ昇進するステップであるとするのであるが、この見解は、文脈にあわない。執事は、長老の監督、指導のもとに奉仕するものであるが、執事職は執事職として価値あるもので、執事になるには、長老職とは別の賜物を必要とするのである。現実に、長老は執事の中から求められるということがあり、それはまた真に堅実な方法であるけれども、長老になるには、執事職を経なければならないということはないし、原理的に、執事職を、長老職の前段階とすることでもない。この場合の「良い地位」とは、教会の中で良い名声を得、また、神のみ前で、栄誉を得るということであろう。

婦人執事

キリスト教会の伝統では、婦人が教会の役員になることはなかったが、

近年、婦人の社会的地位の向上とともに、婦人の教師、長老も出現してきた。その点、日本のキリスト教会は早くより婦人の教師、長老を認めていて、欧米より大分進歩的であったといえよう。日本キリスト改革派教会では、教師、長老は、成人男子にのみ限られるが、婦人執事の存在を認めるのが聖書的であると信じている[註]。

　テモテへの第一の手紙3章11節において、執事のことが述べられている中で、「女たちも」という句で始まる一文がでてくる（11節）。これは婦人執事のことか、それとも、執事夫人のことか。もしそうならば、長老の夫人のことについては、何も言及されていないのに、執事夫人のことばかり言及しているのはなぜか。執事の場合には、やもめを訪問するとか、病床の女性を慰めるとか、男子執事よりも、婦人の奉仕がより適切と思われるときがあり、そのような場合、執事夫人は、夫たる執事の助け手として奉仕することがあるので、特に執事夫人のことがここで言及されているのであろうか。

　テモテへの第一の手紙3章の、文章構造をみてみると、3章2節から「さて、監督は」で始まる、長老についての資格を記した文は、一つの文章であり、それが7節まで続く。続いて、3章8節で、「それと同様に、執事も」とあり、3章11節で、もう一度同じ文章構造で、「女たちも、同様に」となっている。このような文章構造を勘案すれば長老、執事と同じように、ここで教会の奉仕者としての女たちのことがいわれていると、考えることができよう。彼らは、執事の夫人たちでもなく、また、一般の教会員でもない。教会の役員としての婦人執事の存在が、ここから支持されるであろう。「女たち」に冠詞がないところから、これは、

　[註]　日本キリスト改革派教会では、2016年より女性教師と長老が認められた。前述。

執事夫人と婦人執事を含めた無限定性が意図されているとの見解もある（マックファーソン）。

さらに、テモテへの第一の手紙5章9、10節は、このような婦人執事のことではなくとも、これと関連あるものと考えることもできる。ローマ人への手紙16章1節で、パウロは、「ケンクレヤにある教会の執事、わたしたちの姉妹フィベを、あなたがたに紹介する」といっている。ケンクレア教会のディアコノスを、一般的奉仕者、補助者としてとることも可能であるが、また任職された執事と考えることもできる。その場合、フィベはディアコニッセ、婦人執事の実例となる。

マックファーソンは、「われわれは、新約聖書において教会の役員として特別な身分を形成していたディアコニッセの存在を、見出すことができる」。そして、特殊な分野において、たとえば病床にある婦人の訪問、貧しい者の世話において、婦人執事は、まことにふさわしい奉仕者であることを立証したに違いないという（『プレスビテリアニズム』96頁）。

4　教会会議

長老主義政治における教会会議の種類と原則

「長老主義政治の三原理」のうち「教会会議の段階的構成」の項において述べたように、長老主義政治においては、教会は、段階的に構成される教会会議によって、統治される。それらは、わが国では、小会、中会、大会、総会とよばれる（日本キリスト改革派教会には総会はない）。小会は、各個教会の牧師または教師と、長老によって構成されて、各個教会の統治に任じる。中会は、一定地域内にある各個教会の牧師と代表

長老一名によって構成されるか、または、その地域内の全教師と各個教会よりの代表長老によって構成される。大会は、二つ以上の中会を包括する地域の教会の統治のため、各中会より選ばれた同数の教師及び長老によって構成されるか、または、その地域内の全教師と各個教会よりの代表長老によって構成される。総会は、全教会の統治のため各中会より選ばれた同数の教師及び長老によって構成される。

　このような教会会議の構成の一般的仕組みをみると（構成には具体的に種々差があるが）、そこにいくつかの明らかな原則が貫かれていることを見出す。

(a) 教会会議における教師と長老の治会における平等性。小会においては、むしろ、数の上では長老の方が多い。牧師は職責上小会議長を務めるが、会議制の一般原則に立てば、治会長老の発言力は、数の上で大きいといえる。中会以上の教会会議においては、教師と長老の同数性が常に配慮されている。そのためには、実際上、各個教会よりの代表長老の数を複数にするなどの措置が行われている。

(b) 代表性の原理。教会の規模が大きくなるに従って、代表性の原理が広く採用されているが、常に会衆の代表が、教会政治の中で必須とされていることに注目したい。すなわち、小会は会衆から直接選出された長老と教師よりなるが、中会には、その地域内の教会は全部代表される。中会の直接上位にある大会はもちろん、総会も、この中会からの代表によって構成される。中会からの教師と長老よりなる代表の選出にあたっては、すべての各個教会の意見が反映されるのであるから、大会、総会にも、各個教会の会員の意見が代表されることになる。

(c) 中会主義。以上のことから、長老主義政治の運営は、中会主義ということができる。長老主義政治とは、単に各個教会が長老たちに

よって統治されるというにとどまらず、各個教会のすべてを包摂する中会を中心に運営される。大会、総会にも中会から代表が選出され、それらの重要決議事項は中会において批准される必要がある。すなわち、大会・総会の重要なる決議は、中会において全各個教会の討議を経て承認される。中会はまた、教師の任職・就職、各個教会の設立・解散を管掌する等、長老主義教会政治運営のかなめということができる。

教会会議の権能

教会を統治するすべての教会会議の議員は、教師及び長老である。殊に、会衆の代表としての長老の存在は、教会会議の構成にとって、不可欠である（使徒15：6、16：4）。このようにして、会衆によって選出された長老が、代表的に、教会の統治に参与することは、キリストが、会衆をとおして、教会を統治されるということではない。会衆は、役員の選挙において、キリストから与えられている統治権を行使するけれども（使徒1：21-26、6：16）、その役員において、会衆が教会を統治するのではない。新約においては、治者としての長老と、被治者としての会衆という区別が存在している。長老は、教会のかしらキリストから委託された権威をもって教会を治め、被治者としての会衆は、キリストのみ言葉にかなう統治に関しては、その権威に服従する義務を有している（マタイ16：19、ヨハネ20：22、23、使徒1：24、26、20：28、Ⅰコリント12：28、エペソ4：11、12、ヘブル13：17）。

しかし、治者としての長老会議の権威には、次のような制限がある。

(a) 教会会議の権威は、教会的事柄にのみ限定されるとともに（ウェストミンスター信仰告白31：5）、その権威の性質は全く奉仕的ミニステリアルである。教会におけるすべての権威の行使は、キリス

トのみ言葉に従って、キリストのみ名によってなされる。教会会議の統治は、神の所有である民の上に主となることはできないし、神の民の信仰と良心を、み言葉を超えて束縛することができない。長老による教会会議は、キリストの言葉を解釈し、キリストの律法を施行するためにのみ、権威を有している。

(b) キリストの律法の解釈と適用という正当な権威行使の範囲においても、教会会議は、無謬ではありえないので、神の民に対して、無条件的服従を要求できない。会員は上級会議に対して上訴の権利をもっている。

(c) キリストの律法の解釈は、教会会議の独占的権利ではない。われわれは、聖書の個人解釈権を認め、教会会議がなす神の言葉の解釈が、聖書におけるキリストの意志に合致しているかどうかを、各信者が検討する権利を認める。

教会会議と会衆

　教会会議は、長老と教師によって構成されるが、会衆は教会会議とどのような関係をもつか。使徒行伝15章のエルサレム会議の記事は、教会の会衆が、教会的事項の決定にあたって会議の構成員として、それに与(あずか)る法的権利をもっていないとはいえ、重要事項については、説明・協議をうける権利を有し、その同意を与えることが必要であることを示している（使徒15：22）。

　しかし、使徒行伝15章12節に「全会衆は黙ってしまった」とある句の「会衆」は議員全体をさすのでなく「教会全体」をさすとすれば（4：32、6：2、5参照）会衆が何らかの形で教会会議の討論に参加していたことを示唆するかもしれない。また、23節を「あなたがたの使徒たち、長老たち、兄弟たち」――口語訳聖書では「あなたがたの兄弟であ

る使徒および長老たち」としている —— と訳せば、この結論をさらに支持するといえるかもしれない。ギレスピーは、これについて、「使徒たち、および長老たち」と並んで「兄弟たち」と記されているのは、この会議の決議が、全教会に知られ、同意と賞讃をもって迎えられたことを示すと説明している。[9)]

各教会会議の任務

小会は、各個教会の霊的統治に当たるが、その管掌事項の中には、教会員名簿の作成、入退会の管理、戒規の執行、会員の訓練、礼拝の管理、伝道の計画及び実践等が含まれる。中会は、管轄区域内の教会の霊的統治に当たり、その中には、地域内の各個教会の設立と監督、教師の任職・就職等がある。大会は各中会の設立・連絡・監督等によって、当該地域の教会の霊的統治を果たす。総会は全国にわたる教会の霊的統治に当たるが、その任務の中には教会憲法の制定・解釈・改正が含まれる。総会はまた教会の最高法廷である。

各個教会の自治権

ベルコフは、この点、次のように説明している（『組織神学』589頁）。
(a) すべての各個教会は、完全なるキリスト教会であって、その統治のために必要なすべてのものを備えている、したがって、小会による各個教会の統治は、決して他から干渉されない。
(b) 各個教会が加わるどのような連盟も、この各個教会の自治権を破壊するような結合ではない。

---

9) William Cunningham: *Historical Theology* Ⅰ p. 58; Gillespie: *An Assertion of the Government of the Church of Scotland.*

(c) 上級会議の権能も、各個教会の自治を侵害しない。

(d) しかし、各個教会の自治権は、他の各個教会と上級会議に対して、教会の一致のため、自己限定的である。

上級会議の権能

(a) 上級会議の権能は、小会の有する権能以上のものではない。キリストの教会においては、小会がもつ権能より大きいものは存在しない。教会会議の権能の及ぶ範囲に、広狭はあるが、その有する権能は同等である。したがって、中会・大会などを上級（higher）会議とよばずに、大（major）会議とよぶ方が適当であるといわれる。

(b) しかし、上級会議の決議は、その性質において、より普遍的であるから、その下にあるすべての教会に対して権威を有する。それらは、キリストの律法の確かなる解釈及び適用として、権威をもっている。しかし、それらが、神の言葉と矛盾しているとき、いかなる教会の人も、神のみ言葉にのみ従うべきである。

V 戒規

1 戒規（デシプリン）の聖書的概念

旧約における戒規

　戒規に対して用いられる旧約聖書の用語は、ヤーサル（戒める、懲らしめる、罰する）、ムーサール（戒め、教え、訓練、懲らしめ、非難）、トーカート（戒め、議論、懲らしめ）であって、ギリシャ語訳旧約聖書では、これらに、パイデュオー、パイデイアというギリシャ語をあてている。新約聖書は、これをうけて、パイデュオー、パイデイアをもって戒規の概念を表しており、「教える」「薫陶をうける」「訓練する」「懲らしめる」の意味に用いている。

　旧約聖書において、戒規は第一に、「教育的懲らしめ」を意味する。すなわち、戒規は、本来家庭の中で行われ、それは、家庭における教育の手段であった。子どもを教育するにあたって、子どもが親の言葉に従わないときは、彼らを懲らしめることが、親に要求されている（申命21：18、箴22：15）。しかし、戒規が家庭の外で行われるとき、それは、訓練、教育という意味から「罰」という点に移行する（レビ26：18、列王上12：11、14、申命22：18）。さらに戒規は、罰でもなく、また、教育的な懲らしめでもなく、単に教育という意味にも用いられる（箴

4：1)。イスラエルの父にとって、子どもに神の言葉と戒めを教育することは義務であった（申命6：7、20以下）。

このような、家庭及び社会における戒規が、神とその民との間の宗教的関係に移されることはきわめて自然であって、「人がその子を訓練するように、あなたの神、主もあなたを訓練される」（申命8：5）といわれる。そして、神の訓練を受けることは、神が父として振る舞っていることの証拠であるゆえに、そのように取り扱われ、訓練を受けることは、幸いであるとされる（ヨブ5：17、詩94：12、箴13：24）。時に、神の懲らしめはきびしく、矯正、教育のためよりは、罪に対する罰という面が強く打ち出されたとしても（詩6：1）、そこにはなお、神の父としての愛が表されている（ローマ11：31参照）。

新約における戒規

新約聖書において、パイデュオーは、①そのギリシャ的意味である「家庭における子どもの訓育、及び社会の文化と秩序の中に、次代のものを組み入れるための訓練、教育」という意味で用いられているとともに（使徒7：22、22：3）、②罰（ルカ23：16）、③苦痛を伴わない教導（Ⅱテモテ2：25）、④多少の苦痛を伴う懲らしめ（黙示3：19）、⑤神が父としての愛をもって民を訓練すること（ヘブル12章）、⑥家庭における教育訓練（エペソ6：4）の意味で用いられている。

以上を要約すると、聖書において戒規の概念は、一方において訓練（training）、教育（instruction）と密接に結びつけられており、他方、非難（reproof）、矯正（correction）、罰（punishment）とも関連させられている。そして、その主な領域は、子どもの教育であるが、それはまた、神が用いられる矯正的手段にも適用されている。

戒規の神学的概念

これに従って、神学的用語としての戒規も二つの意味を有している。一つは、教会が、その会員に対して行う訓練、教育、保護、調査、管理の全体を意味し、他は懲らしめ、罰である。前者は、教会員が、神の言葉に従うようになるための教育、訓練の全体を含み、牧会的訓練（ministerial discipline）とよばれ、後者において、教会会議が、教会員の罪に対して、教会権能を行使して、戒めを課する場合、裁判的戒規（judicial discipline）とよばれる。

日本キリスト改革派教会の「訓練規程」には、この両者が含まれているが、特に取り扱われているのは、後者であって、一般に「戒規」といわれるときも、主として後者をさす。本論で取り扱うのも後者である。

2　教会の戒規権能

エラストス論争

ウェストミンスター信仰告白第30章（「教会の譴責について」）1節は「主イエスは、教会の王またかしらとして、教会に、国家的為政者とは別個の教会役員の手にある政治を定められた」と述べて、国家権力とは別個の独立した教会統治権を認めているが、このことについての論争は、エラストス論争とよばれるものである。

トマス・エラストス（1524–83年）は、スイス人で、バーゼルで神学と医学を学んだ後、ハイデルベルク大学の医学教授であった。ハイデルベルク信仰問答（1563年）の執筆をウルジヌスと共に担当したオレビアヌスの指導のもとに、1568年ハイデルベルクの改革派諸教会には厳格

な戒規を実践しようとする試みがなされたが、エラストスは、教会改革のこの試みに反対して百箇条（後に七十五箇条）の命題を草して、キリスト教信仰を告白し、聖餐に与（あずか）りたいと希望している者を、不道徳の行為のゆえをもって、陪餐停止に処する権限を、聖書は教会及び教会役員に認めていないということを示そうとした。この命題草案は公にされることなく、カルヴァンの死後の当時の改革派諸教会の中での最も有力な指導者であったベザに送られた。ベザは、これに対して詳細な反論を呈したが、1570年、エラストスもまた、ベザのこの反論に対して、6巻に及ぶ再反論書 Thesium Confirmatio（命題の確認）を書いた。当時、チューリヒにおける改革派の指導者ブリンガー（ツウィングリの後継者）及びグァルターは、戒規と陪餐停止の問題について、幾分エラストスの見解に傾いたが、この論争が公になるのを好まず、両者を説得して、両者の論文の公刊を思いとどまらせた。

　エラストスの死後、再婚した未亡人は、ロンドンにおいて1589年、「命題」と「命題の確認」に、ブリンガーとグァルターの推薦の手紙を付したものを出版したが、これに対してベザも翌年、エラストスの命題に対する彼の最初の反論を出版し、さらにエラストスの「命題の確認」に対する詳細な反論の刊行を意図しつつ、果たさずに死んだ。このようにして、エラストス論争は最初の当事者であるエラストスとベザが、死んで後、公になるに至った。

　エラストスとベザの論争点は、主として、陪餐停止に関してで、不道徳の罪を認められているキリスト告白者を、礼典から除外する権能が教会役員の会議によって行使されることは、聖書的に認められるかどうかということであった。ベザは、これを認める立場において、エラストスは、これを否定する立場において論じたのであるが、この論議は、この点だけに限定されず、さらに広い背景である国家と教会全般の関係が含

まれていたので、その後、約二世紀にわたって、プロテスタントの中で行われた国家と教会の関係についての論争がエラストス論争とよばれるようになった。

　エラストスは、教会の管理と統治に関して、キリストが国家政府と別個の統治権を設立されたということを否定し、教会統治の権能は、国家為政者にあると主張した。これは、ローマ・カトリック教会の教会至上権説と全く反対の立場に立つわけであるが、教会と一般社会とを含むすべての事柄を統治する至高の権威は、一つの統治体に帰属さるべきであるという点では、ローマ・カトリック教会の主張と一致している（しかし、エラストスは、為政者が教会統治を行うときは、神の言葉である聖書を唯一の規準とすべきことを主張したが、この点で、神の言葉にかかわらず政府の教会統治権を認めた後のエラストス主義者よりは、エラストス主義的でないといわれる。しかし、エラストスは聖書の解釈と適用に関しての究極的権限を、教会会議には認めず為政者の権限とした。さらにもう一つ、エラストスと後のエラストス主義者との間の差は、後者が任職と戒規の権能を国家為政者に認めつつ、その執行権は教会役員の手にとどめたのに対し、エラストスは、その執行権を為政者に認めた点にある）。

　17世紀のオランダにおいて、エラストス主義はアルミニアン主義の進展と関係がある。アルミニアン主義は概ねエラストス主義をとり、したがって、オランダ官憲はアルミニアンに好意的であった。ドルトレヒト会議において、アルミニアンがオランダ改革派教会より除かれると、アルミニアン及びエラストス主義は、その主な活動の舞台をイギリスに移した。英国教会は、アルミニアンとエラストス主義の両方の影響を強く受けたが、ピューリタンの中にもまたエラストス主義の影響があった。ウェストミンスター会議において、エラストス主義は、トマス・コール

マン、ジョン・ライトフット、ジョン・セルデンによって代表されたが、ウェストミンスター会議は、ゼルテン、コールマンとギレスピーとの間の論争の後、教会の自治的統治権の立場を採用した。しかし、実際には、イギリスでは、宗教改革が国家為政者によってすすめられていったので、この長老主義の立場は、イギリスには根づかなかったと、ミッチェルはいう（A. F. Mitchell: *The Westminster Assembly,* p. 279.）。長老主義の立場は、Gillespie: *Aaron's Rod Blossoming*（1646）と Rutherford: *The Divine Right of Church Government and Excommunication*（1646）に述べられている（以上の点について、William Cunningham: *Historical Theology,* II. p. 569 及び J. R. De Witt: *Jus Divinum* 参照）。

旧約における教会と国家

戒規権を国家に認めるエラストス主義の根拠とされるところは、旧約のイスラエルにおいて、国家と別個の教会統治も戒規も存在しなかったということであるが（Coleman: *A Brotherly Examination Re-examined*)、これに対して、ベザ、ギレスピー、ラザフォードは、①イスラエル教会は、イスラエル国家と形式的には区別されていたこと。②旧約では、国家政府とは別に、サンヘドリンとよばれる教会会議と教会統治機構が存在したこと。③旧約では、国家的刑罰とは別の教会戒規が存在したこと等をあげて反証としたが、イスラエルにおいて、国家と教会がどのように関係していたかが議論の分かれ目であった。

イスラエルにおいて、国家と教会は、構成内容としては同一の民からなっていたが、形態的には区別されていたのである。

イスラエル国家は、神政国家であった。地上のすべての国民の至高の支配者、王である神は、特別な意味でイスラエル国民の王であった（出エジプト 19：4-6、申命 33：5、サムエル上 12：12）。後に、イスラエ

ルに人間の王がたてられたけれども、それは「主が油をそそがれたもの」（サムエル上16：6、サムエル下1：14）、「イスラエルの君（プリンス）」（サムエル上9：16、10：1、13：14）であって、人間の王は真の王である神の器であった。すなわち、人間の王において、神御自身が直接的にイスラエルを治めたのであって、それゆえにイスラエルにおいては、他の国にみられるように、王の神格化はみられなかった。王は常に神の律法への服従を要求されていた（列王下5：7、申命17：18-20）。

　神はイスラエルを治められるのに、聖と俗とを区別された（レビ10：8-11）。神政政治の概念はすぐれて世俗的政治の領域に対して用いられたとはいえ、それはまた神のイスラエル統治のすべてを含むものであった。

　神はまた教会の主であるが、教会の主としての神は、旧約においてイスラエルの王としてのヤハウェとは別に、「契約の使」として示された（創世16：7、18：10、13、15、16、17、22：11以下、24：7、40、31：11、32：24以下、48：15、16、出エジプト3：2、13：21、23：20、21、32：34-33：14、ヨシュア5：13-6：2、士師2：1-5、6：11）。この「契約の使」は、神自身から区別されつつ、また同時に同一視されており、伝統的には、三位一体の第二人格であるロゴスの受肉前の表象と解釈されている。この「契約の使」としての主は、イスラエルをエジプトから救い出し、荒野において彼らの前に先立ち行き、幕屋と神殿に臨在する神である。旧約の教会の主は、新約の教会の主と同じく、贖い主としての神であった。

　旧約において、国家は、生命と財産の保護、社会秩序の維持、悪しき者の罰、国民の地上的福祉の増進のため制定されたものであり、他方、教会は、民の宗教的霊的目的のために立てられたものであった。そして、神礼拝の方法、時、場所、罪のための贖い及び宗教的、道徳的事項と関

連した。前者は、政治的、司法的律法をつかさどり、後者は儀式律法と道徳律法を管掌した。しかし、モーセのように、神から特別な使命を受けた人の場合、彼の活動と権能の行使は、国家と教会の両面にまたがったが、それでも宗教的事項はアロンに属するところであった。したがって、一般的にいって、国家と教会の権能は、別個の統治体によって、別々に行使されたということができる。

エラストス主義に対する長老主義のこの立場の釈義的立証が問われるであろう[10]。

① 出エジプト記24章1、14節。七十人の長老は、全教会の代表として神がその民と契約を結ばれるとき召されたが、彼らは「ことある」時（教会的事項）、アロンとホルの指導のもとでそれを裁く権能を与えられていた。

② 申命記17章8-12節。この章句は最高法廷に関してのものであるが、ここには国家的権威と教会的権威の並存が示されている。すなわち、「レビ人である祭司」と「裁判人」とが二つの別個の権威として同じ水準を保っており、それぞれが判決を下したと考えられる。

③ 歴代志上23章4-6節。ダビデは、30歳以上の男のレビ人3万8千人を分けて、2万4千人は主の家の仕事、4千人は門を守る者、4千人は楽器をもって讃美する者とし、6千人をつかさ人、及びさばき人としたとある。さばき人は判決を与える裁判官、つかさ人はそれを実施する役人のことである。さて、ダビデの下には一般政治に携わる官吏がいたのであるから（歴代上28：1）、このレビ人のさばき人、つかさ人は、一般政治とは異なる教会的事柄の統治と管理に

---

10) George Gillespie: *Aaron's Rod Blossoming*, Ⅰ, 3.

当たったと考えられる。

④歴代志下19章8-11節。ヨシャパテはここで、モーセによって設置され、ダビデによって整えられてきた教会統治機関を、エルサレムに再興している。この会議の構成は、レビ人、祭司、及びイスラエル氏族の長であるが（8節）、この会議は教会統治のためであったといえる。氏族の長を構成員としていることから、長老の教会会議議員としての参与を引き出し得るであろう。この会議の管掌するところは、「主のための裁判」（8節）であり、「王のこと」と区別される「主のこと」（11節）すなわち教会的事柄である。この会議の目的とするところは「主の前に罪を犯させない」（10節）という霊的なものであり、議長というべきものは祭司長アマリヤ（11節）で、政治議会のつかさゼバデヤと区別されている。この会議の判決の執行はレビ人によって行われる（11節）。

⑤エレミヤ書18章18節、26章。預言者エレミヤに対するものとして、祭司・預言者によって構成される教会会議が考えられている（18：18）。エレミヤはそこで偽預言者と断定された（26：7-9）。そして、これらの教会会議とは別に、ユダヤのつかさたちからなる一般の政治的会議が存在しており（26：10、12、16）、これはエレミヤに好意的であった。すなわち、エレミヤについて二つの会議による裁判があって、それぞれが異なった判決を出した（11、16節）。教会会議は偽りの預言者をさばく権限をもち、律法に従ってその教理を判定したけれども、人を死罪にする権限はなかったと思われる（18：18「舌をもって彼を撃とう」）。

⑥列王紀下6章32節。エルサレムだけでなく、地方においても教会会議が存在したことがわかる。エリシャとともに座した長老は、サマリヤの政治犯担当者ではなくて、隠れた幻を見る（32節）宗教

的預言者であろう。

⑦ゼカリヤ書7章1–3節。イスラエルの人々は、エルサレムに代表者を送って、主の宮にいる祭司と預言者とともに教会会議を開き、神礼拝についての論争を決定させる権限を行使せしめている。

以上より明らかにされることは、イスラエルにおいては、政治的議会とは別に、祭司によって構成される宗教的教会会議が存在して、礼拝と教理に関する事項、及び教会政治に関する事項を取り扱ったということである。そして、その決定は、法的効力をもって施行された。

さらに、イスラエルが政治的独立を失って後も、教会会議が存続していた事実も、長老主義の立場の強力な証拠となる。

イスラエルにおける、国家と教会のそれぞれの領域主権という一般原理は、ヤハウェにおける宗教的主権と政治的主権の統一のゆえに、イスラエルの具体的生活の中では、宗教的生活が政治的生活と密着して営まれたという現実の中に組み込まれていたということを見なければならない。このようなイスラエルの特殊性の中に、国家と教会の統一が果たされる終末的神の国の型と（黙示21：22）、地上における国家と教会との領域主権にみられる政教分離の聖書的原則とが、二つながら鮮やかに示されているのをみる。

3　旧約における教会戒規

「民のうちから断たれる」

イスラエル国家によって行使される政治的権能が、罰金（申命22：19）、むちうち（申命25：1–3）、石うち（申命17：1–5）、木にかけること（申命21：22–23）などの刑罰を課したのに対して、イスラエル教

会の課する戒規は、霊的な性質のもので人間の財産及び生命にはかかわらなかった。しかし、イスラエルの特殊性から、一つの罪が宗教的な面と一般司法的な面の両面を交錯させながら有していたので、それに対してなされる刑罰と戒規もまた結合している場合が多かったといえよう。純粋な教会戒規のうち最も重いものは、除名であって、これを意味することばには、「民のうちから断たれる」「イスラエルから断たれる」（創世17：14、出エジプト12：15、19、30：33、38、31：14、レビ7：20、21、25、17：4、9、14、18：29、19：8、20：17、18、23：29、民数9：13、15：30、19：13、20）、「主の前より断たれる」（レビ22：3）等があり、これは死罪を意味したものではなかった。新約において表れてくる「会堂から追い出す」（ヨハネ9：22、12：42、16：2）と同じ内容であろう。これは、「主の会衆に加わる」（申命23：2以下）、すなわち、イスラエルの教会の完全な会員として受け入れられるということに対応するもので、宗教的な罪に対して課せられる純粋な教会的戒規であった。この宣告を受けた罪人は、定められた犠牲と清めを行うならば、もう一度教会の交わりの中に回復された（レビ7：20、21及び5：2以下）。

　パウロが、コリント人への第一の手紙5章において、「不品行な者」を「あなたがたの中から除く（アイロー）」（5：2）ことを命じ、さらに「その悪人を、あなたがたの中から除いてしまいなさい（エクスアイロー）」（5：13）というとき、「エクスアイロー」は、ギリシャ語訳旧約聖書において、「民の中から断つ（カラード）」に対して用いられている訳語の一つである。もう一つの訳語であるアポコプトーは、パウロによってガラテヤの教会の偽教師に対して用いられている（ガラテヤ5：12）。口語訳聖書は、「あなた方の煽動者どもは、自ら不具になるがよかろう」と訳出しているが、ここでの「断つ」は「不具になる」ということでなくて、「除名」のことをさしているのではないか。

シナゴグにおける戒規

シナゴクにおける戒規には、三段階あったことが知られている。第一の段階は、ニッドウイで、ある期間交わりから断たれた。この戒規を受けた人は、他の人々と食事、浴場を共にすることができなかった。会堂に出席することはできたが、別の入口から入らねばならなかった。その期間は、最初30日で、二度または三度繰り返すこともあった。三回、すなわち90日のニッドウイの後の戒規はケレムで、これは、呪いを伴った交わり停止で、会堂に出席することを許されなかった。最後の段階のものはシャンマタで最終的な追放であった。キリストがルカによる福音書6章22節でいっておられる「排斥」「ののしり」「汚名を着せる」は、このシナゴグ戒規の三段階にふれておられると推測されている。

この戒規の内容からわかるように、戒規の目的は、霊的なもので、罪人が、このような公的な恥と疎外によって低くせられ、悔い改め、それによって魂が救われることにあった。シナゴグは、90日を経なければ通常次の段階のケレムにはすすまなかった。この間、教会は罪人の悔い改めを待っていたのである。

4　新約における教会戒規

マタイによる福音書16章19節

新約において戒規に関連ある聖句の第一は、マタイによる福音書16章19節であろう。「わたしは、あなたに天国のかぎを授けよう。そして、あなたが地上でつなぐことは、天でもつながれ、あなたが地上で解くことは天でも解かれるであろう」において、「天国」は、この場合、前節

にある「わたしの教会」と同義であり、しかも、それは、ペテロのなした信仰告白の上に建てられる「見える教会」のことを意味していることは前述した。また、教会統治権の象徴的表現である「天国のかぎ」の内容は、「つなぐ」「解く」ということであるが、デオー、リューオーというそれぞれの原語は定罪及び赦罪とは関係がない。これを、定罪及び赦罪と関係づける解釈は、ヨハネによる福音書20章23節から影響されているのであって、ヨハネによる福音書20章23節も戒規と関連があるが、その意味している内容は、マタイ章句とは別のものである。「つなぐ」「解く」は、ヘブル語のアサール、ヒティールに対応し、シナゴグで通常用いられていた言葉で、「つなぐ」は、禁ずる、不法と宣言する、「解く」は、許可する、合法と宣言する、を意味する。すなわち、キリストの家、見える教会の管理人として、ペテロを代表とする十二使徒は、その中で、禁じられること、認められることを決定する権限を、ここで委ねられたのである。彼らは、教会の会員の資格や教会の統治の規則を決定すべきであって、彼らの決定するところは、天において神の裁可を得るのである。この禁じられ許される事柄の内容、権威の行使される方法等について、このテキストは何も言及していない。ただ、全体から明らかであることはこの権威が委託されたものであり、奉仕的なものであるということである。

マタイによる福音書 18 章 15–20 節

次に、マタイによる福音書18章15–20節をとりあげよう。この教えが与えられた時期は、ペテロの告白と新約教会建設についてのキリストのみ言葉が語られた後、ガリラヤ伝道の終わりの頃で、エルサレム行きの前のことである。ここでは、いかなる精神と方法をもって、兄弟の間の罪が取り扱わるべきかが教えられている。地上の信者に対して、罪の

誘惑は必ず来る（18：7）が、罪を犯した場合、キリストの教会は、その処置において、福音にかなう独自の精神と方法に従わなければならない。

ここでは、罪を犯した兄弟に対してなす行動について、三つのステップがなされている。第一のステップは「彼とふたりだけの所で忠告する」ことである。その罪の内容について、「もしあなたの兄弟が、あなたに対して、罪を犯すなら」という異読写本の本文をとっても、これを自分に対して犯された個人的な隠れた罪にのみ限定することは正しくない。それは、二、三人の証人及び後には、教会の前に持ち出されて取り扱わるべき公的な罪が意味されている。兄弟が罪を犯した場合、他人に語ったり、また彼が悔い改めのしるしを示したりするのを待つことなく、彼の所に「行け、語れ」といわれる。兄弟の間のこととして、個人的に彼の誤りを示す。もし、彼が愛による説得と、兄弟的忠告を受け入れて、それに従って行為するならば、彼が自らの罪によって分かたれていた教会の交わりの中に、彼を連れ戻したことになる。「兄弟を得る」とは、「キリストに導く」ということの比喩的表現である（マタイ25：16、20、22、Ⅰコリント9：19-23）。

しかし、それが失敗した場合、第二のステップは、「ほかにひとりふたりを、一緒に連れて」行って忠告することである。第一のステップよりは公的な要素を増してはいるが、依然として兄弟愛の精神が支配的である。しかし、二人または三人の証人を伴うのは、第三のステップを予想してであろう（申命19：15、ヨハネ8：17-18）。第三のステップは、「教会に申し出る」ことである。ここでいう「教会」は、マタイによる福音書16章18節でいわれた教会、すなわち、これから建てられる新約の教会をさす。この解釈は、18章18節が16章19節と全く同じ言葉であること、また18章19節以下でキリストの昇天後の霊的臨在が教会に

対して約束されているコンテキストから、妥当なものであろう。キリストはすでに、「わたしの教会」について語られたのであるから、弟子たちがここで「エクレシア」を、シナゴグにおける教会としてでなく、キリストの教会として理解したと考えることは当然である。さらに、ここでは、教会が、その統治のために特別に立てられた長老たちの会議としてみられている、と推論することも無理ではない。旧約において、カハールはしばしば長老会議の意味で用いられており、特にシナゴグにおいて、戒規は長老たちによって施行されていた。

「もし教会の言うことを聞かないなら、その人を異邦人または取税人同様に扱いなさい」といわれている。第一及び第二のステップの時と同様に、兄弟愛において、その兄弟を取り扱わなければならないが、今や教会の宣言は権威をもつ。悔い改めない罪人に対して、「異邦人または取税人同様に扱いなさい」というのは、彼を信仰の交わりから除外するということである。その当時パレスチナのシナゴグにおいて、異邦人は神の契約の民の外にあり、取税人は意図的に契約を捨てたものである。彼らも神殿及び会堂のすべての公的礼拝から除外されたものではなく、神殿には「異邦人の庭」があり、取税人も「遠く離れて立って」（ルカ 18：13）祈ることができたけれども、彼らは兄弟としての地位を認められていなかった。これは、「会衆から断たれる」「会堂から追い出される」ことであった。

しかし、ここに、キリストが教会に除名戒規の制度を立てられたとする根拠を求めることはできないであろう。ここには、罪を犯した兄弟を出し、また彼を受け入れるための条件も示されていない。それにもかかわらず、罪を犯して悔い改めない兄弟を教会の交わりから除外するという権能が、キリストから与えられたということはできる。そして、このような重大な決定に到達する前に、とられるべき手続きとその段階につ

いて、明確な指示が与えられている。

さて、「つなぐ」「解く」という天国のかぎの権能の行使にあたって、教会が福音の精神と原理に従ってなすということは、当然の前提である。それゆえにこそ、教会の行為は神の裁可をうける。そして教会が常に、罪人の救いを目的とする福音の精神と原理に立って、天的判定を下し得るように、祈りへの応答の約束が確証されている（18：19）。20節は、前節の根拠を述べており、天国のかぎの福音的行使の究極的確証が、イエス・キリストの臨在にあることを示している。

戒規と罪の赦し（ヨハネ福音書20章21-23節）

マタイによる福音書の二つの聖句から教えられているところは、戒規が、見える教会の信者の、外的事象に関係する権限であるということである。それは、外的に表された罪に対して、外的な特権を停止するということである。しかし、戒規の問題は、神による内的な罪の赦しと関係している。罪を犯した兄弟が教会の忠告を聞き、教会が罪の悔い改めを認めて教会の交わりに全く回復されたとしても、彼が真に必要としているのは、単に制度としての教会への外的な交わりへの回復ではなくて、真の悔い改めとイエス・キリストへの真の信仰において、神のみが与える罪の赦しである。これについて、地上で罪を赦す権威をもっておられた人の子は（マルコ2：5-12）、復活後その権能を使徒に託された。ヨハネによる福音書20章21-23節は、これに関連している。マタイによる福音書の章句が、内的信仰が表明される外的告白と行為に関係しているのに対して、この章句はまさに罪の赦しそのものに関係している。

しかし、ここで定罪と赦罪の権能そのものが与えられたとみるべきであろうか。定罪と赦罪の権能が神にのみ属する大権であることは、聖書が明らかにするところである（ヨハネ5：27、マルコ2：7）。ローマ・

カトリック教会は、このところより、司祭に対する告解と、それに対するキリストの名による赦罪の権能を引き出すが、カルヴァンは、ここでは定罪、赦罪の権能そのものの付与ではなくて、罪の赦しをキリストの名において宣言する権限が与えられていると主張する。神がすでにキリストにおいてなしてくださったことを、宣言するのである。しかも、ここで、キリストが与えられている権能は、個々の罪に対する定罪と赦罪のそれではない。この権能が、使徒たちが世につかわされることとの関連においていわれている（21節）ことに注目すべきである。すなわち、ここでは福音の宣教が意図されているのであって、福音の宣教者として、使徒はキリストの名を信じる者に罪の赦しを宣教する権能を与えられたのである。

　天国のかぎの行使を、単なる処罰的戒規ととらず、広く福音宣教という使命の中で捉えることが、改革派教会の精神である（ハイデルベルク信仰問答第83-85問）。

　福音宣教における定罪・赦罪の宣言権能は、教会の代表としての十二使徒に与えられているのであって、彼らの後の教会もまたこれを受けている。そして、これの行使は聖霊の賜物と関係せしめられている（22節）。「聖霊」はここで定冠詞を欠いているが、その場合、人格としての聖霊そのものというよりは、聖霊の賜物を意味していると解されている。使徒は、聖霊の特別な賜物を受けたものとして、福音宣教において全般的に示されている定罪、赦罪の公的宣言を個々の罪に適用して神の定罪・赦罪を無謬的に宣言する権能があり、これは使徒がアナニヤとサッピラを取り扱ったところで示されている。

　われわれは、戒規が見える教会の外的事象に止まり、内面的な罪の赦し、神と罪人との関係に全く関与しないということはできない。戒規は、

本来罪に関係して行使される教会権能である。定罪と赦罪を無謬的に宣言する権能と賜物が使徒たちに与えられ、その権能は、なお聖霊の賜物を領有する教会に、たとえ無謬的ではないとしても、受け継がれている。しかして、見える教会は、福音の奉仕全般において定罪と赦罪の宣言を果たすが、それを個別的に適用して、信仰の外的表象にかかわる戒規権の執行において無謬ではありえない。したがって、われわれは、戒規と罪の内的な赦しとを完全に同一視することはできない。もともと戒規はすべての罪を対象に行使されるものではない。それは言葉と行為とに示された罪に対してであり、しかもそのすべてに対してでもない。すべての罪は、罪の赦しを必要とするけれども、すべての罪が戒規の対象になるのではない。そして、たとえ、戒規の対象となる罪の言葉と行為に対してすら、教会の戒規は無謬ではありえない。教会がなす戒規が、神の内的な赦罪と定罪に一致するのは、見える教会が見えない教会と一致している度合に応じてであるといえよう。

戒規の目的

戒規の目的は、神と教会の栄誉のため、罪の伝染を防ぐため、罪を犯している兄弟を悔い改めさせるためとされているが（ウェストミンスター信仰告白30：3、『綱要』Ⅳ・12・5）、戒規のより詳細な教えはパウロを通して与えられる。

(1) コリント人への第一の手紙5章1-13節

コリント教会の会員の中に、父の妻と同棲しているという異邦人にもない程の不品行の罪を犯している人がおり、その事実は公に知られている。それにもかかわらず、コリント教会はその兄弟の罪を矯正するために戒規を執行しないでいた（「除く」）。パウロは、明らかに教会の戒規

権能を前提として語っている。彼が、「わたしとしては、からだは離れていても、霊では一緒にいて、その場にいる者のように、そんな行いをした者を、すでにさばいてしまっている」（3節）というとき、その含意は、コリント教会の戒規権の怠慢を厳しく戒めて、戒規の実行を促しているのである。離れている自分ですら、戒規の義務を感じて、霊においてそうしたのだから、共にいるあなたがたは当然戒規を行わねばならないというのである。

　4節は戒規の方法を示す。戒規は、「主イエスの名によってあなたがたもわたしの霊も共に主イエスの権威のもとに集まって」、すなわち、主イエスの権威のもとに教会が公同的に行うもので、使徒でさえも個人的に行うものではなかった。カルヴァンは、ここで戒規は、長老会議の共同権能であるが、会衆の理解、納得が必要であるという。さらに、「主イエスの権威のもとに」ということで、戒規の奉仕的性格が明確にされているが、具体的には、戒規を、主イエスの名を呼んで始めることと、神の言葉への一致において行うこととを含んでいる。主イエスの名によって集まるということは、単に口をもって彼を告白することではなく、心から真実にキリストを求めることである。戒規という事柄の重要性と厳粛性がこのことを要求するのである。

　除名戒規は、「サタンに引き渡す」（5節）と表現されているが、これは除名の霊的な意味を語っている。この表現は（Ⅰテモテ1：20）、罪の矯正のためのある種の懲らしめ、多分病気を意味しているというクリソストムの解釈を退けて、カルヴァンはアウグスティヌスを援用して、除名そのものをさしているととる。その表現の意味は、われわれが教会の交わりの中にあるときはキリストの守りの中におかれているのであるが、教会から除名されて関係のないものとなるとき、教会の外を支配しているサタンの力の下に移されるからであるという。「サタンに引き渡

される」ということは「肉が滅ぼされる」ということと関係がある。3節では、霊とからだの対比があったが、5節では、霊と肉の対比がある。ここの肉は罪の性質であって、サタンに引き渡される目的は、罪の性質の亡びのためである。それ以上に、身体的病いを含んでいるかどうかは明らかでない（C・ホッジは、肉をからだととって、病気とする。ヘンドリックセンも、病気ととることは不可能でないとする）。

しかし、サタンはここで神の支配に従属するものとして、神によって許容されたことを果たして、究極的には神の栄光に奉仕するために用いられるものとしてみられている。サタンの支配のもとに、罪の性質を使いつくすことによって、それが究極的には亡ぼされる。それは、主の終末的なさばきの日に、彼の霊が救われるためなのである。戒規の目的は、罪人の滅びではなくて、救いであることが明らかにされている。さらに、戒規の目的は、罪を犯した兄弟の究極的な救いにあるのみでなく、会衆全体の純潔のためである（6-8節）。コリントの教会が、このようなあきらかな罪を放置しておくことにおいて、どのような結果が教会全体にもたらされるかが、パン種を用いて説明される。

戒規の対象となる人は、「兄弟と呼ばれる人」「教会の内の人たち」で、「不品行な者、貪欲な者、偶像礼拝をする者、人をそしる者、酒に酔う者、略奪をする者」（11、12節）であって教会外の「この世の不品行な者、貪欲な者、略奪をする者、偶像礼拝をする者など」と交際するなということではない。もちろん、ここでは、戒規の対象となる罪がすべてあげられているわけではない。「そんな人と交際してはいけない」と最後に総括してあるから、いくつかの事例をあげたのであろう。

戒規を受けるような人とは「交際をしてはいけない、食事を共にしてはいけない」とあるが、これは、教会員のすべてが戒規を受けた人に対してもつ態度をいっている。戒規は教会全体の態度にかかわることであ

るが、個々の会員がこれに従わないときは、教会の決定は重んじられていない。「食事を共にするな」は、主の晩餐のことではなく、通常の食事を意味するであろう。しかし、主が罪人・取税人と共に食事をされたり、パウロが不信者からの食事の接待を受け入れることができる（Ⅰコリント 10：27）というとき、この言葉の適用される詳細な判定はきわめて難しい。一般的にいって、信者でありつつ、生活においてその信仰を否定する者と親しい交わりをするなということである。

(2) コリント人への第二の手紙 2 章 6-8 節

処罰は多数の者から受けたとある（6 節）。これは、戒規が会員全体、教会によって行われたということとは矛盾しない。「多数」ということで教会全体をさしているものと考えられる。

この章句をコリント人への第一の手紙 5 章との関連において考えるのが通常である。コリント教会は、パウロの言葉に従って（9 節）、コリント人への第一の手紙 5 章に記されているその人を戒規にし、その人は悔い改めた。「あの処罰」（6 節）は、コリント教会がその人に課した戒規をさしており、それは充分に目的を達したのであるから、その人を交わりの中に回復することをパウロは勧めている。「この章句は、教会の戒規が公正さと寛大さをもって行わなければならないということを示すものとして、注意深く学ばねばならない。一方では、罪を犯している者が罰をうけないことによって益々悪へと誘惑されることがないように厳正さが必要である。他方また、処罰された人は、非信仰的になってしまうという危険性があるから、教会は彼の悔い改めに満足したら、すぐ赦しを差し伸べる準備をしていなくてはならない」（カルヴァン）。

(3) テモテへの第一の手紙1章19-20節

パウロは、ヒメナオとアレキサンデルを「サタンの手に渡した」というが、コリント人への第一の手紙5章5節から、この表現は、戒規を意味している。ヒメナオは復活否定を主張して、教会を惑わしていたのであるから（Ⅱテモテ2：17、18）、この二人は主として教理的誤謬によって戒規に付されたと考えられる。その目的は「神を汚さないことを学ばせるため」（20節）であった。神の栄光を示すことが戒規の第一の目的である。教会から除外されることによって、彼らは行動の自由を得るが、教会の門は彼らに対して閉ざされているから、神の名は、彼らの不信仰な言動のために、教会によって汚されることはない。さらに注意深く読めば、戒規の目的は彼らに「学ばせるため」であって、究極的には彼らの救いがここにも意図されている（Ⅱテモテ2：24-26）。

(4) テモテへの第一の手紙5章19-21節

この章句の文脈は、長老のことを取り扱っているが、長老についての訴訟は、二人ないし三人の証人に基づいて、すなわち充分な証拠に基づいて受理さるべきである。二人ないし三人の証言は、あらゆる訴えにおいて必要とされているが（マタイ18：16、Ⅱコリント13：1、申命17：6）、ここで特に繰り返しているのは、教会統治の任に当たる者の名誉を考えてのことである。

「罪を犯した者」、すなわち罪を犯した長老は、公に、すべての人の前で、その罪をとがめられるべきである。しかし、どんな罪でも常に全会衆の面前で戒められるべきというのでなく、罪が公にされている範囲に従って、その罪への戒めが行われるはずの場も変わってくると考えるべきである。そのような方法をとる目的は、「ほかの人々も恐れをいだくに至るため」、すなわち、教会の純潔にある。

役員の戒規は重要であるとともに、困難であるゆえに、特に公平に行うことが命じられている（21節）。

戒規の種類

次に、戒規の種類についてふれているパウロの書簡の章句にふれてみる。ウェストミンスター信仰告白第30章4節は、「犯罪の性質と犯罪者の過失に応じて訓戒・主の晩餐の礼典からの一時的停止・また教会からの除名」をあげている。

(1) コリント人への第一の手紙11章27-34節
「ふさわしくないままで」主の晩餐に与(あずか)るものは、主のからだと血を犯すといわれる。「ふさわしくない」とは、第一義的には、コリント人への第一の手紙5章1節にあるように、信者であって、不品行、貪欲、偶像礼拝等をしていて悔い改めないものをさすが、それ以上に、隠されている罪に対しても悔い改めをしない人をも含む。したがって、まず自己吟味が命じられる。そして、「主のからだ」をわきまえることが必要である。「主のからだ」は主の晩餐全体をさし、これが他の普通の食事とは違う意味を知らねばならない。以上の条件を備えていれば、さばかれることはないが（31節）、そうでない場合、主に対して罪を犯すことになり、したがって、「さばきを自分に招く」。そのさばきは、この世とともに永遠に罪の定めを受けないために、一時的に受けるさばきであって、むしろ神の愛のしるし、懲らしめである（32節）。

このように、ここでは、ふさわしくないままで主の晩餐をうけるとさばかれるということがいわれているが、これには、ふさわしくない者を主の晩餐に与(あずか)らせないということが含意されている。

(2) テサロニケ人への第一の手紙5章12-14節

　教会、特に長老が、訓戒し、戒めることを命じているが、その対象は「怠惰な者」といわれている。怠惰な者については、4章11、12節、テサロニケ人への第二の手紙3章6-12節から考えれば、主の再臨が近いとして働くことをせず、そのことを宣伝し（Ⅱテサロニケ2：2）、教会に生活保障を要求し、長老の指導に従わない者と考えることができよう。誤った教理に基づいて、教理と生活において教会の秩序を乱すもので、このような者に対して、「兄弟として」訓戒することが命じられている（Ⅱテサロニケ3：15）。ここでもまた、戒規が全教会によって行わるべきことが明らかにされている（Ⅰテサロニケ5：14）。

(3) テサロニケ人への第二の手紙3章6、14節

　前記の章句にあるような怠惰な者に関連している。教会の訓戒を受けたにもかかわらず、依然として悔い改めないものに対して、「遠ざかること」「交際しないこと」を命じている。これは彼らがなお「兄弟」（6節）と呼ばれていることからもわかるように、コリント人への第一の手紙5章に示されているような除名の戒規よりは、軽い戒規と考えられる。おそらく、ある期間の後、交わりへの回復が認められたのであろう。14節より、再度にわたる訓戒によって、悔い改めがある人々には期待されているが、なおその目的を果たしえないときは、交際しないことを命じられているのであるから、訓戒よりは重い戒規と考えられる。この戒規の目的は、「彼が自ら恥じるようになるため」、すなわち、彼らの悔い改めが意図されている。

(4) テトスへの手紙3章10節

　「異端者」は、ここでは「悪しき意見をもった分派」ということで、9

節に示されるように、教理と生活の両方にわたる誤謬で、教会に分裂を引き起こしている人々と解することができる。一、二度の訓戒は、マタイによる福音書 18 章 15-17 節に関連して述べられていると考えられる。その後「退けなさい」といわれるが、この語は、テモテへの第一の手紙 5 章 11 節では「除外」と訳されており、おそらく除名が意味されている。

パウロの教えによれば、戒規は常に愛から発し、その人を救うことを目的とすべきで、罪を犯している人を退けるために行うべきではない。教会の側には多くの忍耐が要求される。罪の誤謬がまことに重大なものであっても、その人を得るために、あらゆる努力がなされねばならない。もしも、その人が愛より発する訓戒を受け入れず、悔い改めることを拒み、教会の中で依然として悪を行いつづけたとしても、教会は再度訓戒をせねばならない。しかして、もしこれらも彼らを得るに至らなければ、除名の戒規であるが、その場合でも、罪人の救いが目的である。しかし、罪人の救いが戒規の唯一の目的ではない。神の栄光と教会の純潔がその究極の目的であることを忘れてはならない。

VI　エキュメニズム

──世界教会協議会〈WCC〉の基本的立場についての考察──

1　エキュメニズムと改革派教会

現代とエキュメニズム

　世界には9億7千万のクリスチャンがおり、その中ローマ・カトリックは5億9500万、プロテスタントが2億2900万、ギリシャ正教が1億4400万といわれている。地域的に分在し、教派的に分裂しているキリスト教会の世界大的可視的一致の実現を目標とする近代エキュメニカル運動は、多くの教派を内包していたプロテスタントの中からまず始められたが、1961年ニューデリーの第3回世界教会協議会（World Council of Churches：WCC）にギリシャ正教が正式に加入したことと、ローマ・カトリックにおけるヨハネス23世以後のエキュメニズムへの関心の高まりの結果行われるようになったローマ・カトリックとWCCとの間のオブザーバーの交換、地方レベルにおける各教会の接触等によって、著しい進展を見せ、エキュメニズムは今日の教会全体の大きな潮流となっている。

　教会外の社会においても技術文明の発達に伴う交通・通信の驚異的進歩によって世界の隣接化が実現し、それに伴って今まで分裂と分化を続

けてきた世界と文明とが一つのものとされるべく、それぞれ異なった伝統をもつ諸国と諸文明との統合を主要な課題として、全人類は現在まさに産みの苦しみを味わいつつある。エキュメニズムはこれらと軌を一つにするものとして、多大の関心を惹き、20世紀の教会史はエキュメニズムの時代とよばれるのであるが、エキュメニズムを単なる世界史的一般現象としてのみ把握するのはきわめて皮相的見解である。キリストの教会が一つであり、その教会の一致は見える形に表明されるべきであるというのは、聖書的真理であり、神が教会に課したもうた聖書的課題である。

エキュメニズムと改革派教会

　歴史的改革派信仰に立つ改革派、長老派諸教会が、WCCを中心とする現代エキュメニカル運動に対して概ね批判的立場を保持しながらも、エキュメニズムそのものに対しては、これを真実に担っていく姿勢を示しているのは、エキュメニズムを単なる時代的流行として捉えるのではなく、聖書を通して与えられている教会の実存的課題として捉えているからに他ならない。

　日本キリスト改革派教会も、二十周年記念宣言（1966年）において、「われらは、キリストの教会の公同性を信ずるものとして、わが教会の使命遂行を、内外諸教会との交わりと協力とのうちに行なおうとするものである。これは、信仰の一致に基づく交わりであって、キリスト教真理の犠牲のもとに行なわれる妥協的教会合同運動とは、全く性質を異にする。われらは、霊的に一つである地上の教会が、教理と教会政治において、その統一性を可視的に表明することこそ、教会のかしらなるキリストのみ心であると信ずる」と述べて、エキュメニズムについての基本的立場を明らかにしている。

ところで、最近改革派諸教会の中でWCCについての論議が新しい展開を示してきた。その発端となったのは、オランダ改革派教会（Gereformeerde Kerken in Nederland）が1963年大会においてなした「改革派教会がWCCに加入することを妨げる決定的障害はない」という宣言である。オランダ改革派教会は、そのエキュメニズム研究会の報告論文「聖徒の交わり」を姉妹諸教会におくって、その批判と意見を求めたが、日本キリスト改革派教会の返書は、二十周年記念宣言にある基本的立場に立って書かれた（第21回大会［1966年］記録、117頁参照）。

　1968年8月オランダで開かれた世界改革派教会会議（Reformed Ecumenical Synod：RES）では、エキュメニズム、特にWCCについて白熱的論議が行われたが、それをふまえて、ここにWCCの基本的性格と立場について考察をなし、教会一致に関する聖書的教理のより深い理解と、それに基づくエキュメニカル運動の実践理論について方向を得たいと願っている。

　もちろん、われわれは、エキュメニカル運動とWCCとを同一視するものではないが、WCCがエキュメニカル運動の中で占める相対的な比重を考えるとき、WCCを通してするエキュメニカルの考察と評価は、実践的具体的効果をもたらすものと信じる。

2　WCCの基本的性格

　WCCを論じる場合、WCCをどの面で捉えるかは、その評価に対して大きな影響をもつ。公的文書と公的行為でWCCをとらえるか、それともWCCに加入している有力諸教派の実際的動向の総合という面でとらえるか、あるいはWCCの指導者の個人的傾向を重くみるか、あるいは

WCCの下部機構であるNCCで捉えるか、ということでWCCという巨大な機構は異なった面を示してくる。

しかし、WCCそのものを論じるときは、その公的文書と公的行為を主として、その解釈と評価に際して他の諸面を援用して、総合的判断をするという方法が、最も客観的な評価を得る道であろう。

WCCの綱領

ニューデリーで採択されたWCCの綱領は次の通りである。

「世界教会協議会は、聖書に従って、主イエス・キリストを神とし、救い主として告白する諸教会の交わりである。それゆえに父、み子、みたまなる唯一の神の栄光をあらわすという共同の召命を共に全うすることを目的とするものである」。

諸教会の交わり

この綱領に従えば、WCCは「諸教会の交わり」という基本的性格をもつ。この「交わり」の概念内容について、トロント声明（Tronto Declaration、1950年）は次のように述べる（"A Documentary History of the Faith and Order Movement" ed. by Lukas Vischer, 1963。および竹中正夫訳『世の光キリスト』〈WCC第三回世界大会報告書〉新教新書、133頁参照）。

(1) WCCは、イエス・キリストを神及び救い主として認める諸教会をもって構成される。
(2) これらの諸教会はキリストにおける一致を有している。この一致はこれら諸教会が造り出したものではなく、神からの賜物である。
(3) この一致は働きと生活において表現されねばならない。
(4) WCCは、諸教会がキリストに対する共通の忠誠のために共同の証

言をなし、また一致した行動が要求される事柄について協力するための機関になろうとするものである。
(5) WCC は超教派的教会（スーパー・チャーチ）ではない。
(6) WCC の目的とするところは諸教会をより密接にキリストに結びつけ、それゆえに、諸教会相互をより密接に結びつけることによって、一致を表明することによる。

トロント声明はさらに「諸教会の交わり」としての WCC の基本的性格を、五つの否定的条項と肯定的条項によって敷衍して説明する。

五つの否定的条項

(1) WCC は超教派的教会（スーパー・チャーチ）ではない。また、それになってはならない。いかなる教会も WCC の決議に自動的に拘束されることはない。すべての教会は、構成上 WCC の宣言と行為を認める権利と拒否する権利を有している。
(2) WCC の目的は諸教会間の合同を仲介することではない。教会間の合同は、彼らの発議によって彼ら自身の手によってのみなされることである。WCC は、諸教会相互に生命的接触をもたらし、教会一致の諸問題の研究と協議を促進することを目的とする。
(3) WCC は特定の教会論に基礎を求めえないし、また求めるものではない。WCC の中には、エキュメニカルな対話に参加しようとして、WCC の教理的基礎を受け入れる、すべての教会の教会論を認める余地がある。
(4) WCC の構成教会になるということは、教会が自己の教会論を相対的にするものではない。すべての教理的自由主義はしりぞけられるが、同時に一致についてのどの教理も公的には批准されない。

⑸ WCCの構成教会になることは、教会一致についての特定の教理を受け入れることを強要しない。たとえば、教会の一致は本質的には不可視であるか、それとも可視的一致が本質的であるかということも決定されない。これらは依然として協議の対象であり、WCCは協議の機会を与えるものである。

五つの肯定的条項

⑴ WCCに属する諸教会は、彼らの会話、協力、共通の証言は、キリストがその身体なる教会のかしらであるという共通の告白に基づかねばならないことを信じる。基礎は「すでにすえられている土台以外のものをすえることはだれにもできない。そしてこの土台はイエス・キリストである」という事実の認識である。

⑵ WCCの構成教会は、新約聖書に基づいてキリストの教会が一つであることを信じる。

⑶ WCCを構成する諸教会は、キリストの教会が自己自身の教会以外のものを含む包括的なものであることを認める。それゆえに、彼ら自身の外にあってなお、キリストを主と告白する教会との生命的接触に入ることを求める。ローマ・カトリックでさえ自身を普遍的教会と同一視するものでないことを認めている。したがって、他教会によって執行されたバプテスマを認めるのみでなく、同じ可視的身体には属さないが、神秘的身体に共に属しているすべてのものとの交わりを求めることは、教会の使命である。

⑷ WCCを構成する諸教会は、使徒信条が告白する聖なる公同の教会に対して、他の諸教会が関係をもっていることを互いに認め合う。しかしそれにもかかわらず、WCCに加わることはその教会が他の加入教会を真の充分な意味における教会として、認めることを意味

しない。
⑸ WCCを構成する諸教会は、キリストの名においていかなる証しをなすことによって、世界に対する宣教の責任を果たすことができるか、を互いにたずね求めるものである。

以上、トロント声明が苦心して規定しようとしている諸教会の交わりの内容を、次のように結論的に要約することができよう。
⑴ 諸教会の間にはキリストにある一致がすでに存在している。
⑵ したがって、WCCは単なる会話の場ではない。
⑶ しかし、WCCにおける諸教会内の結びつきは教会的結合ではない。一つの見える教会の実現は、将来における目標とされているが、現在その実現に向かっての強制はない。
⑷ WCCにおける諸教会間の関係は、諸教会の独立と異なった伝統を含みつつ、なお一致を表す交わりである。
⑸ この一致は、共同の証しと行為を通して具体的に表される。

批判

以上、われわれは綱領とトロント声明によって、「諸教会の交わり」というWCCの基本的性格を分析してきたわけであるが、われわれの側としてこの点について二つの疑問を提起したい。

第一は、WCCが繰り返し主張している「キリストにおける一致」は現実にWCCにおいて存在していると認められるかどうかということであり、第二は、WCCは現実においては自らが否定する超教派的教会（スーパー・チャーチ）として行動しているのではないかということである。

第一の点はWCCの評価にあたって最も根本的な問題であるので、別

の章を設けて「4 WCC における一致の概念」において述べるとして、ここでは第二の点についていえば、WCC という巨大な組織が組織として宣言し行為するとき、常に超教派的教会（スーパー・チャーチ）としての性格を帯びてくる要素が存在する。公的文書においてスーパー・チャーチたることを否定しながらも、現実において WCC が WCC としてなす神学的、教会的、政治的、社会的発言と行為に対して、構成員たる諸教会が自動的に責任を問われるという状況がおこる。また、WCC は教会合同の仲介をせず、合同を強制しないと明言しつつ、他方キリストの教会の唯一性を可視的に表明する必要性に対して、証しをするのが WCC の存在と行動の理由であるゆえに、WCC が一つ地上教会の実現を目的としていることも明らかである。現実と目標とはしばしば混同される。特に WCC の中心的指導者たちが個人的活動としてきわめて熱心に教会合同を推進する場合、公的活動と私的活動との間に明白な一線を画することは困難である。

　結論的にいえば、WCC がその公的文書にうたっている基本的性格を、その実践において忠実に守っているということを疑わせるような面が多々あるとともに、WCC がその規定された基本的性格から、公的に全く逸脱しているということを、証明することもまた困難である。

　しかし、前述のように、最も根本的な問題は第一の点にある。もしも WCC が主張するように、キリストにある一致が現実に WCC の中に存在するならば、ここに規定されたような WCC の基本的性格は、われわれにとって受け入れることができるものである。しかして、まさにその第一点で、われわれは大いなる問題を感ぜざるをえない。

　その WCC における一致の概念をみる前に、WCC における一致の基礎を検討しよう。

3　WCCにおける一致の基礎

綱領のニューデリー修正

　1948年アムステルダムにおけるWCCの一致の基礎は、「WCCはわれらの主イエス・キリストを神及び救い主として受け入れる諸教会の交わりである」という綱領に示された。

　これは1961年ニューデリー大会において「WCCは、聖書に従って、主イエス・キリストを神とし、救い主として告白する諸教会の交わりである。それゆえに、父、み子、みたまなる唯一の神の栄光をあらわすという共同の召命を共に全うすることを目的とするものである」と修正補足された。

　ニューデリー綱領には五つの修正補足点があった。
(1)「受け入れる」(accept) を「告白する」(confess) という外的表明を伴う言葉に置き換えて意味を強調したこと。
(2)「われらの主イエス・キリスト」(our Lord Jesus Christ) を「主イエス・キリスト」(The Lord Jesus Christ) と変更することにより、イエス・キリストが単に教会の主であるというのみでなく、世界の主であることを明らかにしようとしたこと。
(3)「聖書に従って」と付け加えることによって、聖書の権威を明文化したこと。
(4)「父、み子、みたまなる唯一の神」と付け加えることによって「三位一体」の神観を明らかにしたこと。
(5)「神の栄光をあらわすという共同の召命を共に全うすることを目的にする」を付け加えて、WCCの目的を明らかにしたことである。
　＊しかし、新綱領は旧綱領の立場の変更とは受け取られていない。むしろ旧綱領

の内容を明確にしたもので、本質的に新しいものは何も加えられていないとみなされている。すなわちWCCにおける一致の基礎は終始一貫してキリスト論である。

綱領の性質

改革派教会の側から、これについては、二つの問題がある。
第一は、この基礎それ自体が今日のエキュメニカル運動の基礎として妥当であるかどうかということであり、第二はこの基礎はWCCの中で正当な機能を果たしているかどうかという点である。

第一の点に関して、改革派諸教会の中には、WCCのこの綱領はエキュメニカル運動の基礎とし不充分であるとする批判があるが、その中には綱領を信条とみなしていることに起因していると思われるものがある。

綱領が何であるかという本質について、1954年、イリノイ州エバンストンにおけるWCC大会は、綱領の目的と機能について宣言をなした。それによると、

「WCCは、諸教会と世に対して、WCCは何であり、何をなし、また何をもって構成されるかを明らかにさせるため、綱領を採用した」。

この綱領は三つの機能をもつ。(1) 綱領は、WCCの中の諸教会が、彼ら自身の中に樹立しようと努める交わりの性質を示す。この交わりは、諸教会の交わりとしてそれ自体の独自の性格をもつ。これは特別な源泉と特別な力をもっている。すなわち、諸教会が相互の関係に入るのは、彼らの共通の主の人格とみ業においてひとたび与えられた一致が存するゆえであり、また生ける主がその民を集めたもうゆえである。(2) 綱領は、WCC自身が行おうとする働きの位置づけを示す。WCCの中におけるエキュメニカルな会話は、リファレンス・ポイントをもたねばならな

い。またWCCの活動は究極の基準に従わねばならない。綱領はその基準を提供する。⑶ 綱領は、WCCの中の諸教会が樹立しようと努める交わりの範囲を示す。

綱領を受け入れることは、WCCに加わろうとする教会が充たさなければならない基本的基準である。各社会の限界はその性質によって規定される。共に加わることは、諸教会が彼らの神なる主の召命と行為に応答しようとしていることなのである。それゆえにWCCは、その主を三位一体の第二人格として認める教会から構成されねばならない。

綱領はそれゆえに信条ではないが、また単なる同意条項でもない。それはWCCの生活と活動の基礎である。そしてWCCは常にその基礎に忠実であるかどうかを問わねばならない。

WCCに加わろうとする各教会は、それゆえに、この特別な基礎をもつ交わりに加わることを欲しているかどうかを真剣に考えねばならない。他方、WCCはもしある特定の教会が事実として基礎を真剣にとっているかどうかについてさばきを下そうとするならば、それ自身がおいた限界を超えるものになるであろう。WCCの基礎を真実に受け入れるかどうかを決定するのは各教会の責任である」。

以上において、綱領の性質として述べられていることは、綱領は信条ではないが、また単なる同意条項でもないということである。もしも信条ならばWCCは教会となるし、また単なる同意条項ならクラブとなってしまう。綱領はキリストにおける一致の表明であるが、決してスタティックなものでなく、ダイナミックである。これはWCCの生活と活動の基準であるが、決して戒規的には用いられない。基準は自己束縛的なのである。

綱領の妥当性

確かに改革派教会の観点からみてこの綱領が教会の信条としては不充分であるとしても、「諸教会の交わり」としてのエキュメニカル運動の出発点としては、そのキリスト論的宣言は妥当であると一応はいわなければならないであろう。

新約聖書においては、イエスは主であるという告白に、すべての救いが含まれており、イエスのキリストであることを否定するものは非キリスト者であるとされる（Ⅰコリント12：3、Ⅰヨハネ2：22）。イエスを神とし救い主として告白することは、神の全啓示的真理を信仰することの要約であることが認められなければならない。

それにもかかわらず、このキリスト論的告白を今日の神学的教会的状況全般の中で考えるとき、エキュメニカル運動の基礎としても不充分であるとわれわれはいわざるをえない。すなわち、綱領は「聖書に従って」とキリスト論を啓示するものとしての聖書の権威に言及するけれども、聖書の権威の性質については何の定義も下していない。しかしながら、いかなる意味で聖書の権威を受け入れるかが、近代神学の性格を決定する重要なる鍵なのである。

綱領の機能

この綱領自体が、今日の神学的教会的状況の中では、エキュメニカル運動におけるキリストの教会の一致の基礎として妥当性を欠くものであるが、さらに第二の批判点として基礎の機能性の問題をも考えあわせると、その非妥当性はいっそう明白になってくる。先に引用したエバンストン・ドキュメントで明らかであるように、この綱領に対する構成教会の真実性は、各教会の自己責任に委ねられている。これは、WCCがそ

の一致の基礎についての解釈の多様性を認めているということである。しかも、その解釈の多様性の容認は、「主イエス・キリストを神及び救い主として告白する」というキリスト教信仰の本質にまで及ぶが、この教理の解釈をライマールスからシュバイツァーを経てブルトマンに至るまでの近代神学史の光において考えるとき、キリスト教信仰の非キリスト教的解釈をも含むことは明らかである。聖書の権威の本質についての規定を欠く聖書の権威の認容は、このような非聖書的解釈排除の保証とはならない。聖書と信条の言葉を変えることなく、その解釈の無拘束性を保有することによって、信仰箇条そのものの内容を変質させるのが、近代リベラリズムの伝統的手法である。この綱領について非聖書的解釈をとるような諸教会に対して、WCCが戒規を行うならば、それは教会の上に立つ教会としての行為になるというWCCの主張は正しい。しかし、この綱領に本質的に反する解釈をなすものに対して、この基礎に基づいて何らかの措置がとれるはずである。さもなければ基礎はその機能を果たしえない。WCCがその中にあるリベラリズムに対して、自らの基礎に基づいて、何の行為もなさず、リベラリズムを寛容していることにわれらの批判がある。

　これはまた、WCCにおける一致の存在に対するわれらの批判とつながる。

4　WCCにおける一致の概念

　WCCにおける一致についての理解は、WCCの歴史とともに発展があった（日本信仰職制研究会編『教会一致の神学』［現代キリスト教双書］教文館、1965年、特に第5章参照）。

一致の概念の四点

現段階において、その一致に四つの面をもつものとして説明されている。

(1) キリストにおいてすでに与えられている一致（Given Unity in Christ）。これは基本的な出発点である。

(2) このキリストにおける所与の一致の現在の時点における表れ。ヴィサートーフトはこれを「途上の一致」（Unity of the Road）という（The Pressure of our Common Calling）。

(3) 地上において達成の目標とされる一致。すなわち、「一つの聖なる教会」の実現であるが、ヴィサートーフトはこれを「目標の一致」（Unity of the Goal）という。

(4) キリストの再臨のときに実現されるキリストにある究極的な一致。これは一致の終末的局面である。

キリストにおいて与えられている一致

この中、第一の「キリストにおいてすでに与えられている一致」は、他の三つの面の基礎をなすものとして、WCCにおいて特に強調されており、その所与性に関心が払われている。「神の目的における普遍的教会」（The Universal Church in God's Design）についてのアムステルダム報告は次のようにいう。

「神はイエス・キリストにおいて彼の民に一致を与えたもうた。この一致は神の造りたもうたもので、われわれの造り出したものではない。われわれの分裂にもかかわらず、われわれがイエス・キリストにおいて一つであることを見出させるために、われわれを呼び集めてくださった聖霊の力あるみ業のゆえに、われわれは神を讃美し、神に感謝する」。

また、アムステルダム大会メッセージは、「われわれは分かたれている。しかし、われわれはキリストのものとされているのである。そして、キリストは分かたれてはいない」という。

このキリストにおいて与えられている一致について、WCCは当初より確信を表明していたのであるが、一致の本質についての究明は徐々に深められ、1954年エバンストンにおいて、より体系的神学的解明に達した。エバンストン・ドキュメントは、キリストにある一致が単なる感情の一致でも、社会的一致でもなく、キリスト御自身においてあり、また彼と彼の民との結合においてある客観的現実であることを、確認している。この一致はもちろんキリストにある霊的一致である。すなわち、これは、神御自身が救済史においておきたもうた関係に基づいている（ローマ5：12-21）。この一致は、キリストの全人格とみ業、受肉、奉仕と言葉、教会設立、苦難、死、復活、昇天、再臨の約束に基づいている。

この客観的な救済史的現実は、聖霊の内住によって、歴史のあらゆる瞬間において実現される。したがって、あらゆる時において教会はイエス・キリストにおいて一つである。そして、この一致は未来において完成される終末的一致の前味である。

キリストにおいて与えられている一致は、霊的不可視的なものであるけれども、この世界の現実のただ中で、可視的に表さるべきものである。「キリストは見える形でこの世に来たり、血肉の人間をあがないたもうたように、この一致は見える形で表明されねばならない」。

一致の概念の他の三点

キリストにある一致は、この世においては部分的にしか表されない。

WCCはこの一致の部分的表明の証拠として認められる。したがって、WCCにおいて、キリストにある一致は現在するところのリアリティーである。この事実がWCCにおける諸教会の共同的行為の基礎である。

しかし、この一致の表明は部分的であるゆえに、諸教会は一致のより完全な表明に向かって進まなければならない。エキュメニカル運動の目標は、教会の可視的一致の表明であり、一つの教会というビジョンがWCCにおけるエキュメニカル運動の精神である。

しかしながら、WCCは、キリストにある霊的一致が、どのような可視的一致の形をとるべきかを規定することに困難さをおぼえてきた。WCCは、その構成教会に対して、教会一致の本質についての特定の教理をうけいれること要求していない。しかし、ニューデリー大会が、教会一致について次の定義を採択したとき、教会一致の概念内容についてWCCは一つの立場を示したといえる。

それは次のようである。

「神のみ心であり、また彼の教会への神の賜物でもあるところの一致は、イエス・キリストに結合されるバプテスマを受け、キリストを主及び救い主として告白するすべての人が、それぞれの場所において、聖霊によって導かれて、一つの完全な信仰の交わりを形成し、一つの使徒的信仰を保ち、一つの福音を宣教し、一つのパンを割き、公同の祈祷に加わり、すべての人に対する証しと奉仕となって示される共同の生活を営むとき、見える形で表されると、われわれは信じる。彼らは、同時に、教職と会員とがすべての人によって受け入れられるとき、あらゆる場所とあらゆる時代における全キリスト者の交わりに結び合わされ、神が彼の民に与えたもうている使命のために、必要なとき、共に行動し、また語ることができる」(『世の光』92頁)。

ここには一致についての一つの立場が示されている。すなわち、一つ

の場所における有機的統一である。それぞれの場所には一つの教会が存在し、その各個教会は、その教職と会員とがすべての人によって認められるという事実によって、あらゆる場所とあらゆる時代におけるキリスト者全体の交わりに結びつけられる。

　これは必ずしも一つの中央集権化した教会制度の設立が考えられているのではないであろう。一般的にいって、WCC の中には、そのような中央集権的教会機構への嫌悪が存在する。しかし同時に、一つの見える教会の実現に対する強い希望と期待もまた WCC の中にある。

　また一方、完全な一致の実現はこの世においては達成されないということの自覚も明らかであり、一致の終末的な面もまた等しく強調される。「教会の完全な一致は、神がすべてのものをキリストにおいて結合されるときまでは、到達されない」。

　WCC がなしてきた教会一致の概念についての研究は、この問題に関する開拓的研究として、その成果は正当に評価されるべきである。われわれは、改革派諸信条が現代の教会的諸問題についての研究と分析にあたって、基本的な規準となることを確信するが、同時に過去二世紀にわたる教会事情の著しい変化は、聖書的教会論の新しい光を強く要請していることも認めるのにやぶさかではない。

評価と批判

　改革派神学の立場から、WCC の教会一致の概念を検討すれば、教会一致についての四つの概念区分は、聖書における一致の意味の多様性を理解するのに有益であるとして認めることができる。聖書においては、イエス・キリストにある信者の霊的一致の現実が最も基本的なものであり、このキリストにある霊的一致が見える形で表されるべきこともみ言葉の教えである。

にもかかわらず、われわれがWCCの一致の概念に対してもつ批判は、
(1) WCCには、それ自身が主張しているようなキリストにある一致が、まことに存在しているか、
(2) もし存在するとして、その霊的一致を見える形で表すWCC的方法は聖書的であるか、

という点にしぼられてくるが、実はこの二点のさし示すところは一つであって、それは一致における教理の果たす契機である。

新約聖書において、キリストにおいて現実である霊的一致は、み言葉の真理に基づくものであり、したがって、み言葉の真理の理解の教理的一致を通して表明されるべきものとされている。

教会一致についての重要な聖句であるヨハネによる福音書17章において、大祭司キリストは教会の一致のため祈っておられるが、その一致は可視的一致をさしている。キリストは世がこれを見て知るようになることを欲しておられる（23節）。そして、キリスト者の可視的一致は、キリストが彼らに賜わったみ言葉の真理に媒介されるものである（6、14、17節）。この真理について、近代的註解は、これはキリストについての知的教理的真理ではなくて、キリストという人格的真理であると解釈する。したがって、可視的一致の基礎は、キリストを主と告白することであって、その際、告白の教理的内容は問うべきではないとされる。しかし、この人格的真理と命題的（教理的）真理とは、ヨハネによる福音書17章では不可分的に結合されている。17章17節における真理は、キリストにおける神の贖罪的啓示の全体を意味する。すなわち、この真理はイエス・キリストに他ならない（ヨハネ14：6）。しかし、キリストという人格的真理は、弟子たちの言葉、すなわち命題的教理的真理を通して伝えられ信仰される（Ⅰヨハネ1：3参照）。

WCCは、命題的教理的真理と人格的真理とを切り離すことによって、

福音とキリストとの有機的関係を否定し、その中に恐るべき異端的リベラリズムを寛容する道を開いている。したがって、WCC はキリストにある一致のリアリティーを主張しつつ、現実には、分裂した家といわれねばならない。

5　エキュメニズムの課題

　ここで関連して提起される問題は、いかなる規準において、われわれは、他教派をキリストのからだなる教会の肢として認め得るかということである。キリストの肢である諸教会については、その間にリアリティーとして存在するキリストにある一致を認め、その可視的表明と共同の証しのため努めることが、教会のかしらなるキリストのみ心に忠実なる道である。

　日本キリスト改革派教会「政治規準」第 2 章第 9 条には、「み言葉と礼典を純正に保持するものは、すべて主イエス・キリストの教会のまことの肢体として認められなければならない」とある。今われわれが問うているのは、この条文における「純正」の意味であり、またこの条文の具体的適用である。

　今日多くの教会は、その構造全般において完全にまた首尾一貫して異端的ではない。オランダ改革派教会は、WCC の中の諸教会がいかに多くの非福音的要素を有しているとはいえ、依然として彼らが聖書の基本的教理を告白しようと志していることを認めて、改革派諸教会がこれらとエキュメニカルな交わりに入ることを妨げる原理的障害はないと主張する。しかし、RES の大多数は、リベラリズムが支配的な諸教会とのエキュメニカルな交わりには否定的である。それは、RES の多くの教会が、

信条の解釈を自由にすることにおいてリベラリズムを寛容した教会での激しい信仰の戦いを通して誕生したものであるゆえに、リベラリズム寛容は彼らの教会的生命の否定に通じるからであるといえよう。

したがって、今回のRESにおいては、従来のRESの決議の線に沿って、WCCがその主張するようなキリストにある一致を有していないことと、WCCの一致の基礎が現在の教会的神学的状況においては不充分であり、かつ充分に機能を果たしていないという理由で、RES構成教会は現在のWCCに加入すべきでないという勧告が採択された。

しかし一方、RESの総幹事をしてWCCと接触させ、改革派諸教会側からの批判を中心に協議せしめる等、改革派諸教会内におけるエキュメニズムの推進のみでなく、他教派とのエキュメニカルな交わりへの積極的な姿勢も顕著にみられた。

さて、このような世界的会議におけるエキュメニズム追求は、各地において伝道と牧会に孜々として励む各教会の教師と信徒によって、どのように受け止められねばならないのであろうか。はたして、それは彼らにとって迂遠なことなのであろうか。エキュメニズムは、各地において教会形成と伝道に従事している者にとって、その信仰の本質的問題であることが明確に自覚されねばならない。すなわち、エキュメニズムの問題は、一人のキリスト者がキリストの名によるバプテスマを受けて、キリストのからだなる教会の一員とされるということに根拠をもっている。諸地方の各教会は、実に一つなるキリストの教会の可視的表明なのである。したがって、キリストのからだなる一つの教会の一致の可視的表明と表現を願うエキュメニズムは、実に各個教会がその存在の究極の根拠を問う信仰的実存にかかわることであるということができよう。

キリスト教会の礼拝

はじめに

　今日、キリスト教会は、全体としても、また一つひとつの群れとしても、数多くの大きな問題に直面しています。キリストがエルサレムの二階座敷で弟子たちと最後の晩餐をしておられるとき、家の外にはイエスを捕えて殺そうとするローマの官憲やユダヤ人たちがいたように、教会に対して外からなされる攻撃は熾烈なものです。攻撃は外からだけくるのではありません。イエスと一緒に食卓についていた弟子たちの中にも裏切り者がいました。しかし、弟子たちの誰がこの裏切り者を糾弾することができましょう。彼らは自分たちの中で誰が偉いかと争論し、最後のときには、皆イエスを見棄てて逃げてしまったのです（ルカ22章）。このように、教会は、内に外に、その存在の根底をゆるがすような困難な戦いにあっています。キリストは、そのすべてを知って、静かにご自分の死を示す最後の晩餐の席に弟子たちと共につかれ、神に従う道を歩み続けられたのです。
　キリストには、ご自身の教会が今後歩むべき困難な道がよくわかっておられました。しかし、同時に、キリストは、教会が決して滅びないということをも知っておられました。「あなたこそ、生ける神の子キリストです」と告白したペテロに対して、キリストは、「わたしはこの岩の上にわたしの教会を建てよう。黄泉の力もそれに打ち勝つことはない」

といわれました（マタイ 16：13 〜 18）。わたしたちは、教会に戦いがあるということを恐れるに及びません。地上の教会は戦いの教会ですから、地上にある限り戦いはなくなりません。憂うべきことは、教会が戦わなくなるということです。教会がキリストの教会である限り、どんなに激しい戦いがあっても、教会は勝利するのです。教会にとって根源的なことは、常にキリストのいのちに溢れているということです。

すべてのいのちの源はイエス・キリストです。教会のいのちもイエス・キリストです。彼はいのちのパンであり、いのちの水です（ヨハネ 6：35、48）。また彼自身いのちです（ヨハネ 14：6）。キリストこそ死に打ち勝って復活し、いのちに満ち溢れる方です。ローマ人への手紙 5 章 12−21 節には、ひとりの人アダムの不従順によって罪の支配のもとに服した人類に、ひとりの人イエス・キリストの従順によって、義と恵みが満ち溢れ、イエス・キリストにあるいのちが支配し充満していくことが力強く描かれています。

教会は、このキリストの永遠のいのちに与(あずか)るべく、罪と死の中から召し出されたものたちの共同体です。キリストのからだとしての教会を礼拝共同体とよぶこともできましょう。クリスチャンは、生活の全領域にわたって、食べるにも飲むにも何事をなすにも神の栄光を現すように命じられています。すなわち、クリスチャンの生活はすべて、神を讃美し、神の栄光を現し、神を礼拝するものです。クリスチャンの生活そのものが神礼拝であるという礼拝的人生観・世界観は、主の日の教会における公的礼拝にその中心をもっています。キリスト教会の中心は、主の日の礼拝であり、クリスチャン生活は主の日の礼拝を中心として営まれるものです。

主の日における教会の礼拝が、真に神のみ旨にかなうものとなってキリストのいのちに溢れ、これにつどう者の一人ひとりの真の喜びとなり

力となるように、祈りつつ、礼拝についての聖書の教えを学びたいと思います。

1　宗教的礼拝についての改革派教会の基本的態度

　礼拝に対する改革派教会の基本的態度は、ウェストミンスター信仰告白第21章1節に「まことの神を礼拝する正しい方法は、神ご自身によって制定され、またご自身が啓示したみ心によって制限されているので、人間の想像や工夫、またはサタンの示唆に従って、何か可視的な表現によって、または、聖書に規定されていない何か他の方法で、神を礼拝すべきでない」と示されています。神は、第二戒において、「あなたは自分のために、刻んだ像を造ってはならない」と、正しい神礼拝の方法について、厳格に、み言葉に従うことを命じられています。したがって、神のみを良心の主と仰ぐクリスチャンは、何事であれみ言葉に対する「信仰または礼拝の事柄において、み言葉の外にある人間の教えと戒めから」良心を自由にされています（ウェストミンスター信仰告白20：2）。
　ここで強調されていることは、神礼拝に関しては、厳格に「聖書の教えにのみ」従うという改革派の原理です。通常、これは礼拝について「聖書が認めていないことは、禁じられている」ということばで示されています。この改革派的礼拝原理は、ローマ・カトリック教会や聖公会やルター派教会の礼拝原理、すなわち、礼拝において「聖書が禁じていないことは、認められている」と比較すると、よく理解できるでしょう。後者の原理においては、聖書がこのようなことをしてはいけないと明白に禁じていないならば、礼拝の中に人間的な伝統に基づくものを持ちこ

む自由があるということになるのです。ローマ・カトリック教会の礼拝には、このようにしていろいろな人間的要素が入りこみました。宗教改革では、この点で礼拝改革が行われたのですが、聖公会とルター派教会は、同じ理念に従って改革をしましたので、非聖書的要素は礼拝から排除されましたが、なお聖書に禁じられていない伝統が残存し、礼拝改革が不徹底に終わっているのです。その点で、改革派教会は、聖書に認められている以外のことを礼拝に持ちこまないという厳格な態度をとったのです。こうして、礼拝に対する熱心と礼拝の純粋性を保とうとしました。

聖書が認めていることの中には、聖書が明白に教えていることとともに、いわゆる必然的演繹による教理も含まれます。これについては、ウェストミンスター信仰告白第1章6節に記されています。「神ご自身の栄光、人間の救いと信仰と生活のために必要なすべての事柄に関する神のご計画全体は、聖書の中に明白に示されているか、正当で必然的な結論として聖書から引き出される。その上には、みたまの新しい啓示によっても、人間の伝承によっても、どのような時にも何ひとつ付加されてはならない」。聖書の中に明文としてはないが、聖書から正当で必然的な結論として引き出される教理には、たとえば、幼児洗礼があります。新約聖書には、幼児に洗礼を施せ、という明文はないし、また、幼児が洗礼を受けたという明白な事例もありません。しかし聖書全体の教え、特に旧約の割礼が生後八日目に施されたことなどから、幼児洗礼は、聖書から正当で必然的結論として引き出される聖書の教理として認められています。それゆえに、幼児洗礼式は、公的礼拝の中で行われるのです。明文による教理も、正当で必然的な結論による教理も、ともに聖書の教理として、ひとしい権威をもっています。明文による教理でないから、

聖書の教理として一段と権威が低いということはないのです。

　このように、厳格に聖書的礼拝を追求しつつ、同時に、ウェストミンスター信仰告白は、「神礼拝と教会統治に関しては、常に守らなければならないみ言葉の通則に従い、自然の光とキリスト教的分別とによって規制されなければならない、人間行動と社会に共通のいくつかの事情があることを、認め」ています（1：6）。これは決して、神礼拝と教会政治に関しては、自然の光、すなわち人間理性の想像工夫を認めて、前に述べた厳格な聖書主義を実質的に骨抜きにしてしまうというようなものではありません。「告白」の文章は注意深く書かれています。聖書は信仰と生活の唯一の規準で、救いと信仰にとって必要なすべてのことは、聖書の中に充分に示されているので、人間的伝承を付加する必要はないという立場は、はっきりしています。ただ、神礼拝と教会政治においては、人間の理性が、どんな事情のもとにあっても常に守られなければならないみ言葉の一般的原則に従って、キリスト教的良識を働かせていかなければならない人間行動と社会に共通な事情があるというのです。「事情」というのは、周りの外的状況ということで、本質ではありません。礼拝と教会政治の本質的原理は聖書で、明文をもってか、正当かつ必然的演繹によってか、明らかに示されています。しかし、いくつかの事情については、人間理性がクリスチャンの良識をもって、み言葉の通則に従って判断しなければならないというのです。神礼拝については、礼拝の時刻、場所、礼拝の長さ、順序、回数などですし、教会政治の場合には、長老の数、議事の規則、管轄地域の範囲等をさしています。

　したがって、改革派教会の礼拝における基本的問題は、礼拝についてのみ言葉の教理を学ぶことです。そして、次に、それを正しく現在の状況に対して適用することです。聖書における礼拝の研究にあたっては、

すでに、聖書の各時代に対して礼拝の原理が適用されていることを認めて、本質的要素と歴史的要素とを識別していくことが肝要です。

礼拝という、最も厳粛な、直接的な信仰の行為にあって、人間の愚かしい思いではなく、神のおごそかなみ旨に従う知恵に、常に立ち返ることが求められています。

2　礼拝についての聖書的・教会的用語

礼拝という行為を示す旧約聖書の語には、ダーラーシ（エズラ4：2）、アバド（サムエル下15：8）、シャーカー（イザヤ66：23）があり、多くの用例がありますが、神殿における公的礼拝に対してはアボダーが用いられています。これは「神殿における奉仕」のことで、口語訳聖書にはこれに22の訳語があてられています。ギリシャ語訳旧約聖書では、これをレイトゥルギアと訳しています。レイトゥルギアは、古典ギリシャ語では、「公共の目的のために、富民が無報酬でした仕事」すなわち奉仕のことを意味し、それから「公の職務にある人」また「公共のための奉仕一般」をさして用いられていましたが、聖書はこれに宗教的意味を付すようになったのです。

新約聖書は、このような背景のもとに、レイトゥルギアをいろいろな意味で用いています。第一に神殿における祭司の務（ルカ1：23、ヘブル8：2、6）をさしていますが、特にパウロにおいては多彩な用法を示しています。すなわち、物質的援助（Ⅱコリント9：12、ピリピ2：30）、為政者（ローマ13：6）、パウロ自身（ローマ15：16）、エパフロデト（ピリピ2：25）、天使（ヘブル1：14）に対して用いられています。基本的には、「神に仕える」ということです。この語が、新約の公的礼拝

に用いられたと思われる唯一の例は、使徒行伝13章2節で、アンテオケ教会の礼拝に対してです。この語から、リタージーという語が由来しています。

　新約聖書では、(1) レイトゥルギアの他に、いくつかの語をもって、神に対する礼拝行為を示しています。(2) セボマイ。「畏れ」という意味です。礼拝とは神を畏れることです（マタイ15：9、ローマ1：25）。(3) ラトレイア。「高位者に対する奉仕」ということで高位者を神として仕えるという宗教的意味をもっています（ヨハネ16：2、ローマ12：1、ヘブル9：4）。ローマ・カトリック教会とギリシャ正教会では、理屈の上で、神礼拝と聖人崇拝とを分けていますが、ラトレイアを特に神礼拝に対して用います。(4) トレースケイア。これも神への畏敬、神への奉仕ということですが、必ずしも真の神礼拝に対してだけ用いられてはいません。使徒行伝26章5節では「わたしたちの宗教」と訳されていますが、これはユダヤ教のことですし、その他、「天使礼拝」（コロサイ2：18）、「ひとりよがりの礼拝」（コロサイ2：23）にも用いられています。ヤコブの手紙1章27節では、真の神への清い「信心」といわれています。(5) プロスキュネーシス。「手に接吻する」「おじぎをする」「膝をかがめる」など、尊敬を表す行為ですが、これは人に対して用いられているとともに（マタイ18：26）、神とキリストに対しても用いられています（マタイ2：2、11、14：33、ヨハネ4：20−24）。

　礼拝という行為は、宗教的存在としての人間にとって、本質的根源的なことですので、その意味、内容を言い表すためには、多くの言葉が必要とされるわけです。

　聖書的用語と関連して、教会的用語をも簡単にみてみましょう。
　(1) カルト（Cult、宗儀）。語源はラテン語で、あるものを尊崇すると

いう意味ですが、これには異教的背景からくる呪術的要素が内包されていました。しかし、キリスト教礼拝に対して用いられるようになってから、徐々に呪術的要素は失われて、ローマ・カトリック教会では、これを外形的な礼拝式をさすのに用い、この用法が現在にも及び、宗教の形式的、儀礼的な面をさすことが多いといえます。また、きわめてルーズに偉人崇拝に対しても用いられます（たとえばゲーテ・カルト）。

(2) サービス（Service、奉仕）。アメリカでは日曜礼拝のことを Sunday Service といいますし、ドイツ語で礼拝のことを Gottesdienst といいます。これはきわめて聖書的な用法で、前にも述べたように、レイトゥルギア、ラトレイアはもともとこの奉仕の意味でした。礼拝を、主権者なる神に仕えるという点でとらえています。

(3) 祈祷。礼拝の一要素をもって全体を表現するという仕方です。祈祷は、神礼拝の重要な一部であり、祈願の要素のみでなく、感謝讃美を含む広い意味で祈祷を考えると、祈祷をもって、神礼拝全体を表すということは、きわめて妥当なことといえます。聖書においても、創世記4章26節、イザヤ書56章7節、使徒行伝16章13節等で、その用例をみることができます。聖公会の祈祷書（Book of Common Prayer）は、全礼拝の規定を含んでいます。

(4) 礼拝（Worship）。「価値あるものとする」という意味ですが、神を礼拝するとは、神に栄誉、感謝、讃美を帰することです（黙示4：11、5：12）。

(5) 典礼（Liturgy）。リタージーは、レイトゥルギアに由来する語で、儀式主義的礼拝を主としてさしています。儀式主義的礼拝とは、礼拝の主要部分が説教ではなく、礼拝の大部分が規定された礼拝のことをいいます。ローマ・カトリック教会やギリシャ正教会はこれに属します。非儀式主義的礼拝の教会には、改革派・長老派、バプテスト、組合等の諸

教会があります。聖公会やルター教会はその中間にあるといえましょう。

リタージーという語は、はじめギリシャ正教会において、礼拝の一部である聖餐式の式文を意味しましたが、この礼典が実際的に公的礼拝の主要部分を占めていましたので、礼拝全般に対して用いられるようになり、西方教会もこの用法に従いました。プロテスタントでは、この言葉が儀式主義的内容をもっているので、最初これを公的礼拝に用いませんでした。カルヴァンは礼拝のことを「祈祷と讃美」とよんでいます。しかし、17世紀になって、一応この語の儀式主義的色彩が清算されてきたという理解のもとに、礼拝をリタージーとよぶことがプロテスタントの一部でも行われるようになりました。プロテスタントにおいて、リタージーは、狭義では、礼拝の中で式文化された要素（洗礼式文、聖餐式文等）を意味し、広義では礼拝のすべてを意味するものととられています。

3 礼拝における最近の動向

19世紀後半より、公的礼拝についての関心が、キリスト教会全般を通じて深くなりました。いわゆる典礼運動リタージカル・ムーブメント（Liturgical Movement）とよばれるものは、19世紀半ば頃から、ローマ・カトリック教会内より始まって、プロテスタント諸教会にも広く波及した礼拝復興運動をさしますが、その傾向は主として儀式主義的であったといえましょう。ローマ・カトリック教会では、礼拝における聖書朗読と説教の再認識、ミサへの一般信徒の参与などが主張されました。この成果は第二バチカン会議の典礼憲章にも組み込まれています。ローマ・カトリックが礼拝におけるみ言葉を強く打ち出してきたのに対して、プ

ロテスタントの典礼運動では、礼拝における聖餐礼典重視の傾向が顕著です。これは、18世紀の理性主義によって、教会の礼拝が著しく非感情的、人間主義的になっていたのに対して、主観的な説教よりも客観的な礼典に、礼拝のリアリティーを求めようとしたのです。その意図は、礼拝に生命がないという反省のもとに、教会の礼拝を神への奉仕として改革し、教会を礼拝中心に真の神の民として形成し、この世に向かっての教会の使命を、力強く果たさしめようとするところにありました。しかし、その意図した改革は、主として礼拝の外的形態の復古、たとえば、教会堂建築様式、礼拝音楽、司式者のガウン着用、教会暦の使用などにおいて、古代教会の儀式や様式を再現するという試みにとどまってしまい、真の礼拝改革までには至りませんでした。かえって、礼典の感性的偏重を生み、それによって説教が軽視されるようになり、聖餐式は犠牲として主張されるまでになり、儀式主義的感情主義的な面の偏向に陥る傾向を示しました。

　典礼運動に刺激され、またこれと並行して、典礼運動が模範とすべき初代教会の礼拝についての研究が盛んになり、特に、礼拝学的見地よりする聖書研究が提唱されました。旧約においては、1926年にグンケルの詩篇註解が刊行されて以来、詩篇はいろいろな詩の単なる結集ではなくて、エルサレム神殿における礼拝のとき用いられた儀式用のもので、礼拝的構成をもっていると考えられるようになりました。現代において、この傾向を最も強く主張するものは、スカンジナビア学派のモーヴィンケルで、『イスラエル礼拝における詩篇』という著書があります。詩篇が単なる個人の信仰的な詩を集めたものというだけでなく、神殿礼拝において用いられたということは疑えませんが、全詩篇が神殿礼拝のために作成されたとするのは、一面的にすぎます。

　新約聖書についても、同じような傾向の研究がなされました。たとえ

ば、マルコによる福音書が教会暦に関係した聖書日課と考えられたりしました。また、新約聖書の中に、礼拝的要素、特に礼拝における讃美をみるという立場も多いのです。たとえば、ルカによる福音書1章のマリヤの讃歌、ザカリヤの讃歌、ローマ人への手紙11章33-36節、コリント人へ第一の手紙13章の愛の讃歌、ピリピ人への手紙2章6-11節、テモテへの第一の手紙3章16節、テモテへの第二の手紙2章11-13節などの韻文は、初代教会の礼拝のとき歌われた讃美歌であるといわれます。ヨハネによる福音書1章1-18節さえもロゴス讃美歌といわれます（エレミアス『新約聖書の中心的使信』）。これらの見解や研究方法には、何でも礼拝という点からだけみてしまうという一面的な欠陥がありますが、新約聖書、または聖書全体が、教会の公的礼拝との生命的関係で書かれ、用いられたということは充分認められなければならないでしょう。パウロは、教会に宛てた自分の手紙が、兄弟たちの前で、すなわち礼拝のとき読まれることを願っています（Ⅰテサロニケ5：27、コロサイ4：16）。

典礼運動が、教会とその礼拝をこの世から区別するのとは対照的に、── 彼らは区別することにおいて強く世に向かうことを意図した ──、教会とその礼拝をこの世の中におこうとする世俗主義的な礼拝改革運動があります。これにおいても、公的礼拝は否定されませんが、礼拝の本質は、この世から区別された教会の礼拝ではなくて、この世のただ中における日常生活としての礼拝です。そして、このような礼拝概念の聖書的根拠は、レイトゥルギアのパウロ的用法に求められます。パウロのレイトゥルギアの用法が多彩であることは、前述しましたが、これはパウロ、したがって新約聖書が、この世における生活そのものを、神への礼拝としてささぐべきであることを命じていると、理解されています。そして、その生活即礼拝の中心理念は、他者のために生きるという意味の

犠牲とされるのです。

　有神的人生観世界観からいえば、人間のすべての行為は宗教的であり、全生活が礼拝行為であるといえます。しかし、これは、教会をこの世の中に解消してしまおうとする世俗主義の立場からの生活即礼拝の主張とは異なります。わたしたちは、全生活を神礼拝、神への奉仕としてささげるという有神的礼拝的人生観と、その中心的頂点的表明としての教会の公的礼拝との有機的関係を見落としてはなりません。一週のうちの一日を神礼拝のために聖別することは、全生活の聖別であります。

　神は、み言葉において、全生活を神礼拝としてささぐべきこととともに（ローマ 12：1、2）、特別な礼拝のときとして私的礼拝（マタイ 6：6）及び公的礼拝を命じておられます（ルカ 4：16、ヘブル 10：25）。そして、事実、公的礼拝はキリスト教会の生活の中心でありました（使徒 2：42）。

　公的礼拝とは、キリストの教会が公に行う礼拝であって、ここにおいてキリスト教宗教が最も直接的に表象されるのです。

4　公的礼拝の本質

　聖書において、キリスト教公的礼拝は、「神の宮」「神の家」において行われる礼拝を意味しています。

　キリスト教礼拝の本質は、「恵みの契約に基づく、すなわちイエス・キリストの仲保による神と人との交わり、または会見」と定義できます。

　人間が罪を犯して堕落する以前、パラダイスにおいても、神と人との交わりとしての宗教、礼拝はありました。これにおいても、神と人との宗教的交わりの基礎は、創造主と被造物という関係にとどまるのでなく、

神が人に対してなしたもうた契約に基づくものでした。神と人との宗教的交わりは、創造に基づく自然的関係ではなく常に神の自由なる意志に基づく人格的契約関係です。神は、神の契約を守るものに、永遠のいのちを与えるという交わりを与えてくださったのです。

人間が罪を犯して以後、罪人はそのままで聖なる神のみ前に出て、神と親しく交わることはできなくなりました。罪人が神の前に出て、神のみ名を崇めることができるのは、仲保者イエス・キリストの贖いと執り成しによるのです。神は、イエス・キリストのゆえに、彼の血によって贖った神の民の中に、特別啓示的に現臨在し、それによって祝福を与えられます。神の民は、この神の臨在と祝福に対して、信仰をもって応答し、奉仕しますが、これがキリスト教礼拝の本質です。

公的礼拝のこの本質は、旧約においては、具象的、可視的に示されました。旧約の礼拝は幕屋（神殿）でおこなわれましたが、幕屋は、神が、その民の中に住みたもう象徴でした（出エジプト 25：8、22、29：42-44、45、民数 17：4）。幕屋は「会見の幕屋」といわれていますが、これは、神が幕屋に臨在したもうて、その民と会見されるという意味です（詩 42：1-4、63：1-3）。幕屋（神殿）の構造はこの真理を可視的に示しています。幕屋は、至聖所と聖所とからなっており、両者の間には幕がありました（イザヤ 6 章、ヘブル 9：3-8、出エジプト 25：10 以下）。至聖所には、律法の板をおさめた契約の箱がおいてあり、ここは義にして聖なる神の臨在を象徴するところです。ここは、大祭司が年に一度だけ贖罪日に、自分と民との罪を贖って、入ることができた聖なる所です。至聖所の前に幕を隔てて聖所がありました。聖所は、祭壇に罪の犠牲をささげて清められた民の代わりに、祭司が神を礼拝する所でした。垂幕の一番近いところには香壇があって、祭司は日夜香が絶えることのないように奉仕しました。香は祈りの象徴で、最も純粋な礼拝行為を示すも

のです。民は、罪を贖われることなしには、神を礼拝し、神に近づくことはできませんでした。至聖所と聖所と二つの部分から幕屋ができていたということは、これが神と人との二つの家であったということではありません。この幕屋は（神殿）全体が神の家であって（詩15：1、24：3、27：4-6）、人は神の家に入れられて神の臨在を仰ぎ、神の栄光を仰ぐのです。ここに、キリスト教宗教の本質があります。

聖書的宗教の本質としての「神、人と共に住みたもう」という恵みの真理は（これが天国です）、旧約時代このようにして、幕屋及び神殿礼拝において啓示されていましたが、このことは、インマヌエル・イエス・キリストにおいて成就されました（イザヤ7：14、マタイ1：23、ヨハネ1：14）。幕屋（神殿）は、イエス・キリストの型であったのです。イエス・キリストが来られて、十字架で贖いを成し遂げられ、復活されることによって、旧約の神殿はその使命を終わりました（マタイ27：51）。イエス・キリストの復活のからだが、まことの神殿なのです（ヨハネ2：19-22、マルコ14：58）。旧約時代、神の臨在の場としての神殿で行われた公的礼拝は、キリストの死と復活以後は、キリストの復活のからだにおいて行われることになったのです。

キリストのからだとしての教会は、「神の宮」（Ⅰコリント3：16）、「聖霊の宮」（Ⅰコリント6：19）、「神の家」（Ⅰテモテ3：15）であって、「まことに、神があなたがたのうちにいます」（Ⅰコリント14：25）ところなのです。教会に、すなわち、神の民の交わりの中に、神は聖霊とみ言葉によって臨在され、この神に対する民の奉仕としてそこで行われる公的礼拝は、旧約時代の神殿礼拝と全く同じ霊的真理を表すのです。

それはまた、終末において完成する神の国の型として、終末的意義をもっています。クリスチャンが、片時も忘れることができない天国とは、どのようなところでしょうか。それは、「見よ、神の幕屋が人と共にあ

り、神が人と共に住み、人は神の民となり、神自ら人と共にいまして、人の目から涙を全くぬぐいとってくださる。もはや死もなく、悲しみも、叫びも、痛みもない」（黙示21：3-4）ところです。天国というのは、「神が人と共に住みたもう」ところです。クリスチャンは、それを仰ぎ見て待っていますが、それはまた現在この地上においても、前味として先取りして味わうことが許されています。教会こそ神の国なのです。そして教会で行われる礼拝こそ、地上における最も鮮明な神の国の姿なのです。礼拝において、神は神の民の中に臨在したまい、神の民はイエス・キリストによって神に会いまつり、神の国の祝福を喜ぶのです。

公的礼拝における神の臨在は、神の遍在とは区別される特別啓示における臨在です。言葉を換えていえば、キリストの臨在に他なりません。主の臨在は聖霊とみ言葉における臨在であり、それは、み言葉の説教と聖餐式において最もはっきりと示されます。礼拝のクライマックスとして守られていた聖餐式は、2世紀頃より次第にみ言葉から離れて儀式化迷信化してしまいましたが、宗教改革は、教会改革の拠点を礼拝改革として捉え、もう一度み言葉の中心性を復興しました。

公的礼拝は、神と人とのキリストを通しての会見であるゆえに、必然的に二種類の要素を含みます。一つは、神の部分とよばれ、聖書朗読、説教、礼典、祝祷（福）で、神は民のところに来たり語るのです。他は、教会の部分で、祈祷、讃美、献金を含み、民は神のもとに来たって応答します。したがって、会衆は二通りの仕方で神を礼拝するわけです。一つは、神の言葉を聞くことにおいて受容的に、他は神の言葉に応答することにおいてです。

礼拝に出席するのは、宗教講話を聞いたり宗教感情の満足のためではありません。教会の公的礼拝には、神が霊的に臨在して、み言葉が語られます。礼拝には、信仰による全人格的参与が要求されます。

5　公的礼拝の目的

　公的礼拝の目的として、「敬虔な魂の宗教的自己啓示」（シュライエルマッヘル）や、「罪人の回心」のためであるとか、「会衆の教育」（初期のルター）、または「聖徒の交わり」（敬虔主義）などあげられますが、改革派教会においては、躊躇なく「神の栄光のため」といいます。礼拝において、神の栄光は最も自覚的に、最も直接的に崇められます。そして、「神の栄光」という礼拝の究極目的は、「教会の建徳」を通して達成されます。

　コリント人へ第一の手紙 14 章は、全体として、礼拝のことを語っていますが、パウロはここで、「教会の徳を高める」ことが、礼拝の目標であると説いています（14：3-5、26。同じくエペソ 4：11-16）。「建徳」と訳されている語は、オイコドメオーという動詞からきており、これは「建て上げる」という建築用語です。聖書では、教会のことをしばしば建物の譬えをもって語りますが、これも教会を建物、神の宮として考えての象徴的表現です。「建徳」と「徳」の字を付して、霊的意味を示しているのです。

　エペソ人への手紙 2 章 19-22 節で、エペソ教会は、「使徒たちや預言者たちという土台の上に建てられたもので」あるといわれて、既に建てられたものとして示されている一方、「主にあって共に建てられ」つつあるものとして、依然として建築が進行中であることが意味されています。教会を建て上げていく目標は、「霊なる神のすまい」として教会を完成させることにあります。この礼拝の目的は、礼拝の本質とも合致するものです。

　教会の礼拝は、キリストのからだなる教会を建て上げるために制定さ

れたもので、礼拝を通して、聖徒が完成され、罪人が回心することによって、これは達成されます。

6　新約における公的礼拝の性格

(1) 神中心

礼拝は、真の神を礼拝することであるので、神が常に礼拝のアルファであり、オメガであることは明白です。異教の礼拝においては、人の神への奉献が先行しますが、キリスト教礼拝においては、常に神の招きと恵みの啓示が先行し、人間がそれに対して応答するのです。

(2) キリスト中心

(a) キリストは公的礼拝の仲保者です

　　キリストによらなければ、誰も父のみもとに行くことはできません（ヨハネ14：6）。イエス・キリストの死と復活以後、神殿礼拝は廃止され、クリスチャンは、アロンの祭司職を通さずに、神に近づくことができますが、それは永遠であるメルキゼデクの祭司職を通してなさるべきです（ヘブル5：6、6：20、7：3、21-22）。したがって、公的礼拝において、罪人は、自らの罪を自覚し、大祭司キリストの贖いと仲保によってのみ神と交わり得るのです。

(b) キリストは公的礼拝に特別に臨在します

　　「ふたりまたは三人が、わたしの名によって集まっている所には、わたしもその中にいる」と、キリストはいわれています（マタイ18：20）。

(c) キリストは公的礼拝の完成者です

　　キリストご自身、大祭司としてわたしたちの礼拝に参与し、ご自

身を犠牲としてささげ、執り成しをなし、それにおいて、わたしたちのために罪の赦しを願い、わたしたちの礼拝を完成したもうのです。

(3) 霊的

「神は霊であるから、礼拝をする者も、霊とまこととをもって礼拝すべきである」（ヨハネ4：24）。

礼拝が霊的であるということは、礼拝の形式否定ではありません。新約の礼拝は、旧約の礼拝に比較して、形式的には簡素化されていますが、形式の全面的否定ではありません。内的精神を伴わない形式は、礼拝の形骸化ですが、霊的真理を示す形式は常に必要です。礼拝の形式に従うことにおいて、礼拝は霊的でなければなりません。そして、どのような形式を用いて、霊的真理を示すべきかについては、人間の想像や工夫でなく、聖書にある神の言葉に従うべきです。

(4) 聖書的

これについては、「宗教的礼拝についての改革派教会の基本的態度」において、述べました。

(5) 自由

旧約の礼拝は、律法によって規定されていましたが、新約における礼拝には聖霊による自由があります（Ⅱコリント3：17、ガラテヤ4：1-7、5：1）。すなわち、

(a) 新約の礼拝は、旧約の儀式律法から自由です

イエス・キリストの死と復活によって、旧約時代の儀式律法が象徴してきた真理が、歴史的に成就されたので、動物犠牲やそれに伴う儀式を行う必要がなくなりました。

(b) 新約の礼拝は、公的礼拝の順序に関して、教会から規制されません

ローマ・カトリック教会や聖公会では、この原理は認められません。これらの教会においては、公的礼拝のすべてが教会によって定められていて、司式者の自由はありません。また、ルター教会では、規定された部分が多いのです。しかし、改革派・長老派教会は、礼拝の順序に関して、各教会は、自由であるという原理をとります。聖書において、礼拝の順序について規定されていないからです。

　　しかし、改革派・長老派のこの原理の採用について、多少の意見の違いがあります。スコットランド長老派教会では、参考となる範例はあると考えますが、何の規定された順序も認めません。オランダの改革派教会では、教派において定めたある様式を用いることに、任意的に同意することによって、全教会が一定の礼拝様式を採用するとします。任意的に同意するというのは、その定まった様式を上級の教会会議が決定したからそれに従うというのではなく、経験のゆえに諸教会が相互に一致したという意味です。スコットランドとオランダのこの相違は、両者がおかれた歴史的事情に由来するものでしょう。スコットランドにおいては、聖公会に対して戦わねばならなかったのです。しかし、この両者の立場において、礼拝の事柄について、良心の主は神のみであるという点は全く一致していました（ウェストミンスター信仰告白20：2、ベルギー信仰告白32条）。

(c) 公的礼拝の内容的要素に関しても、「常にどんな事情の下でも守られねばならない」み言葉の原理は少なく、したがって、多くの自由があるというのが、改革派教会の多数意見です。

　しかし、ピューリタンの伝統に立つ教会の中には、公的礼拝という重要な行為において、その内容が神の言葉によって、明白にか、または聖書からの正当かつ必然的な演繹によってか、規定されていないということはありえないとします。そして、礼拝におけるすべてのことは、み言

葉のサンクション（認可）がなければならないとします。改革派・長老派諸教会は、公的礼拝のすべてが聖書の認可をもつものでなければならないという点では一致します。ただ、ピューリタンの人々は、聖書の認可ということを、聖書の命令ととり、他の改革派の人々は、聖書で認められていることととるわけです。

礼拝における楽器使用の問題は後で述べますが、他にたとえば、ピューリタンは、公的礼拝でクリスマスやイースターを記念することを否定しました。聖書には、クリスマスやイースターに特別な礼拝をもつようにとは命じておらないからです。しかし、多くの改革派の教会は、それらは、聖書で命じられてはいないが、認められていると考えます。すなわち、聖書が安息日や過越を制定していることは、贖罪史における重大な出来事を、公的礼拝で記念すべきことを教えているのです。したがって、それから推論して、クリスマス、イースター、ペンテコステにおいて、神の救いのみわざの中で大きな意味をもつこれらの出来事を特別に記念して公的礼拝を守ることは、聖書によって認められていると考えます。

シェッドは、「礼拝学の研究は、儀式主義的教会より非儀式主義的教会にとって、より重要である。なぜなら、非儀式主義的教会においては、より多くの自由が認められているからである」といって、礼拝の自由性を主張するものの責任について戒めています。

(6) 公同的

公的礼拝は、クリスチャン個人の個別的行為の集積ではなく、信者の共同体としての教会全体の公同的行為です。個別主義は礼拝の精神ではありません。

その公同性は次の諸点で表明されます。

(a) 会衆の一致。同じ讃美を歌い、同じ説教を聞き、一つ祈祷をささ

げることにおいて、そこにつどう会衆が一つであることが示されます。
(b) 教派の一致。同じ讃美歌集を用い、同一の信仰告白をなすことにおいて示されます。
(c) キリストの教会全体の一致。主の祈りをなし、使徒信条を告白することにおいて、この時代のみならずあらゆる時代の教会が一つであることを表明します。さらにいえば、天上の教会との一致まで表されるのです（ヘブル 12：22、23）。

(7) 美しい

「聖なる装いをもって主を拝め」（詩 29：2、96：9）といわれています。旧約時代の礼拝は、金に輝く神殿で宝石をちりばめた服装の祭司によって行われました。その美しさは、神の栄光の輝きでした。そのような外的な美しきことは、内的な潔さの反映ですから、新約の礼拝はその本来の内面性において、真の美しさを求めるものでなければなりません。

(8) 喜び

礼拝は、救いの喜びに満たされたものです。

(9) 秩序

「神は無秩序の神ではなく、平和の神」（Ⅰコリント 14：33）ですから、礼拝は秩序正しいものでなければなりません。各要素は論理的に配列され、心理的に整えられていなければなりません。

7　聖書における公的礼拝の歴史

(1) 族長時代

族長時代、神は族長とその家に対して契約を立てられました。神の民

としての教会は族長とその家でした。族長は預言者（創世18：19）、祭司、王であり公的礼拝は族長によってつかさどられて、その家で行われました。

「アブラハムは心にある祭壇を何処にでも持って歩いた」（カルヴァン）のですが、族長たちは移動とともに、シケムのモレのテレビンの木の下（創世12：7、33：18、35：1-8、ヨシュア24章）、ベテルの東の山（創世12：8）、ヘブロンのマムレのテレビンの木（創世13：18）、モリヤの山（創世22：2）、ベエルシバ（創世21：33、26：25）などで、神に祭壇を築きました。

アブラハムが最初に祭壇を築いて礼拝をしたのは、シケムのテレビンの木の下ですが、そこで神が先ずアブラハムに現れたもうたのです。これはエデンの園以来初めての神現でした。神が現れたところで礼拝をするということで、礼拝における神臨在の原理が明らかです。このシケムで、アブラハムの子、ダビデの子イエス・キリストがサマリヤの女に、この山でも、エルサレムでもなく、父を礼拝する時が来るといわれ、神は霊であるから、礼拝する者も、霊とまこととをもって礼拝すべきであるといわれたのです（ヨハネ4章）。

また、アブラハムにおいて、主の名を呼ぶ礼拝は、祭壇に犠牲をささげることが中心であったことが知られます（創世22：5-8）。

(2) 律法時代

続く律法時代においても家族的礼拝は引き続き存続しましたが、公的礼拝は神殿（幕屋）を中心に営まれるようになりました。

律法時代の公的礼拝の特色は次のような点にあります。

(a) イスラエルは、神殿以外のいかなるところでも犠牲をささげることは許されませんでした。

(b) 公的礼拝は、きわめて細部に至るまで規定されました。神殿の設

備、祭司の衣服、犠牲の種類と方法など。これはイスラエルがまだ子どもであったためでした。

(c) それは代理的、委託的でした。神殿における公的礼拝は、祭司とレビ人とが民の代理としてこれを行い、一般の民の参与は間接的でした。

　しかし、民は公的礼拝を全面的に祭司に委託することは許されず、年三回の定められた時、イスラエルの十二歳以上の男子は皆、聖所に行って、主の前に出なければなりませんでした（出エジプト23：14-19）。それは、過越と除酵祭（出エジプト12章）と刈り入れの祭（過越より50日目）と取り入れの祭（仮庵の祭）でした。

(d) それは儀式的でした。礼拝において、言葉より行為の要素が大きく、説教は行われず、動物犠牲が行われ、祈りがささげられました。

(e) それは象徴的、型的でした。

　象徴というのは、霊的真理を可視的具象的に表現するもので、型とはそれが未来に示される霊的真理を示している場合をいいます。旧約の儀式は、新約において成就される真理を示し、特にキリストの祭司的働きを象徴しました。

(3) 捕囚以後

エルサレム神殿を中心とする旧約の公的礼拝は、バビロン捕囚によって不可能となりました。これより以前、イスラエルの十二部族は、既に北イスラエルと南ユダとに分裂していましたが、バビロニヤがエルサレムを占領したとき、神殿は破壊され、捕えられて異郷の地に移された民は、もはや犠牲をささげることができなくなりました。神殿における公的礼拝に代わって、捕囚の民に与えられたものは、シナゴグ（会堂）における公的礼拝です（エゼキエル8：1、20：1-4）。

シナゴゲーは、集まるところ、また集まることを意味しますが、ここ

においては、み言葉の朗読と説教が公的礼拝の中心的要素となりました。このように神の摂理のみ手は、新約における公的礼拝の形態を準備されたのです。

イスラエルが捕囚から帰還して後、神殿が再建され、犠牲による礼拝も再興されたのですが、シナゴグは廃止されず、神殿礼拝と並行して、シナゴグにおける礼拝もまた存続したのです（ネヘミヤ8章）。

シナゴグは、離散したユダヤ人が居住するところは何処でも設立されました（使徒6：9、13：5、13：14、14：1、17：10等）。そして、ユダヤ人が国家的政治的独立を失って後も、シナゴグは、律法を中心とするユダヤ宗教的共同体の中心でした。シナゴグは、長老会議によって統治されましたが（ルカ7：3-5参照）、彼らの中から会堂司（使徒18：8。時に複数形、マルコ5：22）が選ばれたと考えられます。会堂司は、礼拝の司会をし、自ら説教しました。また適当な人に祈祷、聖書朗読、勧めを依頼したり、許可したりしました（ルカ4：16、使徒13：15）。

会堂では（10人以下の会衆のときは祈り場——使徒16：16）、安息日ごとに公的礼拝が行われ（使徒15：21）、さらに、週の第二日（月曜）と第五日（木曜）に人々は、律法を聞くために集まりました。

安息日礼拝の順序は次のようであったと研究されています。

(a) セマの朗読。「聞け」（セマ）という祈りの起句からこの名称がおこっており、申命記6章4-9節、11章13-21節、民数記15章37-41節の三箇所を合わせたものでした。

(b) 祈祷。18の祈りセモネ・エスレと祝祷の全部または一部がなされました。会衆は立って（マタイ6：5）、終わりにアーメンと唱えました。

(c) 律法の日課の朗読（使徒15：21）。これは感謝の祈祷をもって始まりまた終わります。

(d) 預言者の朗読。
(e) 講解と奨励（ルカ 4：16-22、使徒 13：15）。
(f) 祭司のいるときは祝祷が行われ、会衆のアーメンをもって終わります。

讃美が礼拝の一部であったかどうかは確かではありませんが、ユダヤ宗教生活における音楽の位置と、後のキリスト教公的礼拝の例から考えて、シナゴグの礼拝に讃美が全くなかったとは考えられないといわれています。

(4) イエスの時代

イエスの時代、公的礼拝はシナゴグで行われるとともに、神殿における礼拝もこれと並行して行われていました。イエスは、その地上生涯の間に、新しい礼拝の様式を造り出されるということはありませんでした。イエスはエルサレムにおいて、日々神殿において教えられるとともに（マルコ 4：49）、シナゴグの安息日礼拝に出席され、またそこで説教されることによって、シナゴグにおける公的礼拝の正統性を承認されたのです（ルカ 4：16）。

しかし、それ以上に、イエスは、ペンテコステに始まる新約時代の礼拝の基礎を、次の諸点において、据えられたのです。

(a) イエスは、旧約の儀式的礼拝の廃止と新しい霊的礼拝の到来を予言されました（ヨハネ 4：24）。
(b) 新約の二礼典である聖餐式（マタイ 26：26-29、Ⅰコリント 11：23）と洗礼式（マタイ 28：19、20）を制定されました。
(c) 自らの死と復活によって、旧約の儀式的礼拝を実際に成就されました（マタイ 27：51）。

(5) 使徒時代

新約時代はペンテコステをもって始まったのですが、旧約より新約的

礼拝への移行は漸進的でした。初めの間、クリスチャンは引き続き神殿とシナゴグにおける礼拝に参与していました（使徒2：46、5：42、ルカ24：53、使徒9：2）。彼らが神殿における犠牲に与(あずか)っていたかどうかは、イエスの死と復活についての彼らの理解と関係して重要な問題ですが、彼らが神殿の犠牲による礼拝に出席していたという言及は聖書にはありません。関連あるところといえば、使徒行伝3章1節の、「午後3時の祈(いのり)のとき」宮に上ったとあるところです。午後3時は夕の供えもののときです（列王上18：29、36）。しかし弟子たちは犠牲礼拝に参与したのではなく、このとき宮の庭で行われていたシナゴグ風の礼拝に集まったのであろうと考えられます。

生まれたばかりのキリスト教会がユダヤ的公的礼拝から完全に身を引いたとすれば、彼らが「すべての人に好意をもたれる」（使徒2：46）ことはできなかったでしょう。パウロ自身も、できる限りユダヤの律法を守ろうとしましたし（使徒20：16、Ⅰコリント16：8）、またユダヤの会堂を多く用いて福音を説いていたことなどから（使徒9：20、13：15）、このことは明らかです。ただ、クリスチャンは、自分の独自の会堂を組織していたのではないかということを、ヤコブの手紙2章2節の「あなたがたの会堂」ということばから推測する人もあります。

このように、使徒時代のクリスチャンは、神殿の庭と会堂で行われたユダヤ的公的礼拝に参与していましたが、これと並行して、独自のキリスト教的礼拝を守っていました。

エルサレムにおいて、使徒たちは、神殿特にソロモンの廊で説教を中心とした公的礼拝を守っていたと考えられます（使徒3：11-26、5：12-13）。それとともに、「家」でも毎日（使徒2：46、5：42）礼拝が行われ、祈りとパン割きがなされましたが、後者は主の晩餐を含むアガペー（愛餐）であったでしょう。使徒行伝2章46節と5章42節の「家」

は単数にも、また「家々」と複数にも（新改訳聖書）とることができますが、単数の場合には、エルサレムの二階座敷（使徒 12：12、ルカ 24：12）をさしていると考えられます。複数にとることも文法的には可能ですが、新約の他の個所の用法からすると、むしろ単数と考える方が妥当といえましょう（ローマ 16：5、Ⅰコリント 16：19、コロサイ 4：5、ピレモン 2）。エルサレム以外のところでは、個人の家とか、その他の場所（使徒 19：9、20：8）が用いられました。

　使徒時代の教会の礼拝を比較的くわしく伝えているのはコリント人への手紙ですが、第一の手紙によれば、二つの礼拝があったと考えられます。その一つは比較的開放的、非形式的な伝道的性格のもので、未信者もこれに加わって、その集会の中で回心が行われました（Ⅰコリント 14：23-25）。これは今日でいう伝道集会に近いものといえるでしょう。この集会は、公に立てられた指導者に導かれるというよりは、むしろ自由な集会で、男子の会員が、み霊に導かれるままに、賜物に従って語るということが行われました（Ⅰコリント 14：33、34）。女たちの異言が禁じられていたのは、コリントにおける特別な現象ではなくて、他の教会にも通じる一般的なことであったと思われます（Ⅰコリント 14：33、34）。その礼拝の方法は、主として、シナゴグ礼拝の形式をとり、祈祷、讃美、教え、預言、異言を含み、祝祷をもって終わったと考えられます。使徒行伝1章24-25節、及び4章23節以下は、それらの祈りの記録です。讃美については、前述したように、マリヤの讃歌（ルカ 1：46 以下）、ザカリヤ讃歌（ルカ 1：68 以下）、の他、テモテへの第一の手紙3章16節、ヨハネの黙示録5章9 13節、12章10 12節、19章1 2節、6-8節は、これらの集会で用いられた讃美であるとされています。

　教え（Ⅰコリント 2：7）とは、建徳のために行われるみ言葉の講解です。

預言と異言とは使徒時代特有の超自然的な働きで、霊の賜物（カリスマタまたはプニューマティカ）とよばれます（Ⅰコリント 12：4、9、31、12：1、14：1）。預言（アポカリュプシス）は聖霊によって啓示を語ることですが、コリント教会では多くの預言が語られたので、パウロは一度に一人が語るように命じています（Ⅰコリント 14：29-33）。異言（グロッサ）についての新約聖書の言及は、福音書で一回（マルコ 6：17）、使徒行伝で三回（2：4、10：46、19：6）の他は、全部コリント人への第一の手紙です（12、13、14章）。異言が何であるかということは神秘に隠されているところが多いのですが、異言についての見解を大別すると、①現実にある外国語を、それを学修したことのない人が、語ること（アルフォード、ホッジ、レンスキ）、②非実在の奇跡的な言葉を語ること（グロスハイデ、モファット、モーリス）とに分かれますが、いずれにしても、異言は解釈されねばなりませんでした（Ⅰコリント 14：26）。パウロ自身も異言を語ることができましたが（Ⅰコリント 14：18）、これがコリント教会では必ずしも教会の建徳のため行われなかったので、パウロは特に警（いまし）めています（Ⅰコリント 14：26）。カリスマタが何時行われなくなったかを明確に決定することはできませんが、それは特別啓示時代が終わるとともに消滅したのです。

　もう一つの礼拝は、通常夜行われ、弟子たちは一つの場所に集まって、各自の食事を持参して、主の晩餐を含むアガペーとよばれる食事を一緒にしました。これは、弟子たちのキリストにある一致と交わりを示しました（Ⅰコリント 11：17-34）。朝の礼拝において、カリスマタの濫用による腐敗があったように、夕の礼拝においても、アガペーの際、貧富の差別が生じてきました。富んだ人々と貧しい人々とは別々に集まり、ある者は飽食し、ある者は飢えているということがおきたのです。それゆえに、パウロは、アガペーをやめて、各自は家で食事をし、教会では

主の晩餐のみを行うように勧めています。

　第一の型の礼拝はシナゴグより受け継いだものであり、第二のものはキリスト教独自の礼拝でしたが、やがて両者は合して一つとなり、キリスト教的礼拝が形成されていったのです。

8　公的礼拝の時

　神礼拝は、福音時代において、時と場所に限定されません。特定の時と場所に結びつけられることによって、礼拝が特によしとされることはないのです（ヨハネ4：21、ローマ14：5、ガラテヤ4：10、11、コロサイ2：16、ウェストミンスター信仰告白21：6参照）。

　このことは、単に私的な礼拝についてのみでなく、教会の公的礼拝にもあてはめられます。イースターやクリスマスの礼拝が他の普通の主の日の礼拝より特によしとされることもないし、主の日の礼拝が週日の礼拝より特にすぐれているというわけでもありません。使徒時代の教会にあっては、毎日礼拝がもたれていました（使徒2：46）。どのような日であっても、神の教会が公的に神の民を召集する礼拝は、公的礼拝といわれるべきであって、これを軽視したり、放棄したりしてはならないのです（ヘブル10：25、ウェストミンスター信仰告白21：6参照）。

　しかし、神は七日のうちの一日を特に定めて、神に対してきよく守るようにされました。「一般的に、正当な割合の時間を神礼拝のために聖別するということが自然の法則」であるのですが、神は特に「み言葉において、すべての時代の人に義務を負わせる成文的道徳的永久的命令」、すなわち十戒の第四戒において、このことを明らかにされました（ウェストミンスター信仰告白21：7）。

安息日は、神の創造のみわざ（出エジプト 20：11）、神の贖罪のみわざ（申命 5：15）、及び神の救いの終末的完成（ヘブル 4：9）をおぼえる日として聖別されたもので、神は安息日を守ることを特別に重視したまい、契約のしるしとされました（民数 15：32-36、イザヤ 56：2、58：13-14、エレミヤ 17：19-27、エゼキエル 20：12、ネヘミヤ 9：14、出エジプト 31：12-17）。

神がなぜ安息日を定められたかということについて、カルヴァンは三つの目的をあげています。①霊的安息の象徴のため。自らのうちに神を働かせるために、自分自身のわざをやめなければならないといっています。②神礼拝のため。「神は律法を聞き、儀式を行うために、彼らが集合するように、あるいは少なくとも神のみわざを瞑想するためにとくに捧げるように、一定の日を定められることを欲したもうた。こうして、この日をおぼえて、彼らが敬虔へと訓練されるようにされた」。③神のしもべたちや、他人の支配のもとに生活するものたちに、休みの日を与えて労苦からのいくらかの免除を得させるため、ということですが（『綱要』Ⅱ・8・28）、この安息日に、特にシナゴグでは公的礼拝が行われていました（ルカ 4：16、使徒 13：14、42、15：21）。

このように、一方では、福音時代においては、この日がかの日にまさることはないとしながら、他方で、なお一定の日を神礼拝のために定めるということについて、カルヴァンは次のようにいっています。

「最もいつくしみ深いわれわれのみ父は、ユダヤ人にとっての必要性を見越したもうのに劣らず、われわれのそれを見たもうているからである。なぜ、われわれは、むしろ毎日集まりをし、日の区別をなくしてしまわないのかと、あなたはいうかもしれない。そうなってくれることをわたしも願う。たしかに、霊的な知恵は、毎日特定のある時間をそのためにさくにふさわしいのである。けれども、多くの人々の弱さによって、

毎日『集まり』をもつことができず、また愛の原理によってかれらにそれ以上のことを強要することが許されないとすれば、われわれはどうして神の意志によって、われわれに課せられたとみられる原理に従わないことがあろうか」(『綱要』Ⅱ・8・32、渡辺信夫訳)。

そして、続いて、一週のうち一日を神礼拝のため聖別するということは、神の不変のみ旨であり、これを廃止するということは、明らかな聖書の教えに反すると述べています（ウェストミンスター信仰告白21：7、ハイデルベルク信仰問答103問参照）。

さて、一週のうちの一日を神礼拝のために聖別するということは、神の不変の明らかなみ旨ですが、この日が何日であるかということは状況に属することであって、キリスト以前と以後では異なるのです。すなわち、「世の初めからキリストの復活までは、週の終わりの日であったが、キリストの復活以後は、週の初めの日に変わった」のです。新約時代のこの日のことを、聖書では、主の日とよんでいます。旧約時代の信者は、土曜日の安息日を守ってきたのですが、安息日がさし示した永遠の安息が、イエス・キリストにおいて成就した新約時代において、キリストの恵みの影としての土曜日安息日を新約の信者が守り続けるということは、正しい守り方ではないのです。

安息日の変更について、新約聖書に明文はありませんが、聖書的証明は十分です。

①初代のクリスチャンが、イエスの復活を記念するため、週の第一日に集まるということは、きわめて自然のことでした。この日は安息成就の日でした。復活の主は、この日、弟子たちに現れたのです。

②イエスご自身、週の第一日に集まっている弟子たちの中に現れることによって、このことの正当性を承認されました（ヨハネ20：19、26）。

③聖霊が降臨した日も、この日でした。

④使徒時代の教会が、週の第一日に礼拝を行っていたという聖書的証言があります。トロアスで「週の初めの日に」「パンを割くために集まった時」（使徒20：7）とあるのですが、「パン割き」は聖餐式のことをしており、このとき公的礼拝が行われたことを示唆しています。また、パウロはコリント教会に（ガラテヤの諸教会も同様）、献金を「一週の初めの日ごとに」集めるよう命じていますが（Ⅰコリント16：2）、これも週の第一日の公的礼拝の集まりを示しています。また、ヨハネの黙示録1章10節に「主の日」という言葉がでてきます。ここからだけでは、「主の日」が週の第一日をさすかどうかを決定できませんが、初期のキリスト教文書は、週の第一日のことを主の日とよんでおり、この日に主イエスの甦りをおぼえて、礼拝が行われたことを示しています（『十二使徒の教訓』14：1）。

⑤教父たちの証言。代表的なものとして、殉教者ユスティニアヌスを少し長いですが引用してみましょう（ユスティニアヌス『第一弁証論』67章。151年頃）。

「日曜日とよばれている日に、市または地方に住んでいる人々は一個所に集まる。そして、時間の許される限り、使徒たちの回想録や預言者の書物が読まれる。読むのが終わると司会者はこれらの尊いことにわれわれが倣うように勧める。それからわれわれは皆立ち上がって共に祈る。そして前にいったように、祈りが終わるとパンとぶどう酒と水が持ってこられる。司会者はその能力の最善を尽くして祈りと感謝をする。会衆はアーメンという。それから配られて、一人ひとりが聖別された品をうけ、欠席した人々には執事がとどける。富んでいる人、または欲する人は、それぞれの力に応じて献げ物をする。集められたものは司会者に渡され、彼は孤児とやもめ、病気その他の理由で困っている人、奴隷、旅

行者を養う。彼は困っているすべての人々の守り手である。

われわれは、この共同の集会を日曜日にもつ。

それは、この日が第一の日で、神が暗黒を変え、世界を創造し、またわれらの救い主イエス・キリストがこの日に死人の中から復活した。すなわち、彼らは主を土曜の前の日に十字架につけた。そして、土曜日の次の日に、彼は使徒と弟子たちに現れ、私があなたがたに大切にするように勧めているこれらのことを教えられた」。

週の第一日に、クリスチャンは喜びをもってつどい、主の復活を祝したのでした。

主の日に、礼拝を何回もつべきかは、聖書に規定されていません。多くの教会が現在行っているように、主の日に朝夕二回の礼拝をもち、信者がこの両方に出席することは、主の日の聖別のため有効と考えられます。

教会のすべての会員が、小児会員をも含めて集まるべき公的礼拝は一つですから、原則として、礼拝を分割すべきではありません。会堂が狭くて礼拝を数回に分けることを余儀なくされている教会もありますが、礼拝の原理からいって望ましいことではありません。

また、教会学校の礼拝をもって、教会の公的礼拝に代えることもできません。小児会員が教会学校にだけ出席して、教会の礼拝に出席しないのは残念なことです。子どもたちが礼拝に喜びをもって集うことができるようにするために、教会が礼拝について解決すべき実際的な問題が数多くあり、それらは決して容易な問題ではありませんが、イエスが、幼な子らの「わたしのところに来るのをとめてはならない。天国はこのような者の国である」（マタイ19：14）といわれたみ言葉をおぼえて、祈りつつ努力すべきではないでしょうか。

礼拝前の教会学校やその他週日のグループの集会が、主の日の礼拝の

重要性の認識を妨げて、教会員に遅刻や欠席をさせることがないように注意すべきです。

　祈祷会やその他の週日の集会については、もちろん聖書の規定はなく、各教会の実情に応じた方法手段がとられるべきですが、使徒時代の教会も毎日集会をしていたわけですから、クリスチャンの霊的生活のよき養いとなるように配慮して奨励さるべきです。特に、週日の祈祷会は、他の集会では困難である祈祷の強調、信者の賜物を活用しての奨励・証しを聞くことができるとともに、週の半ばにこの世の生活を中断して霊的生命を養うなどの利点があります。しかしそれと同時に、神の言葉より主観的経験を重んじるようになったり、参加者がよき信者であるとの誤ったプライドを持つようになるなどの、誘惑もあることに注意しなければなりません。

　クリスチャンは、全生活をもってする礼拝、私的な礼拝はもとより、教会のすべての集会を大切に考えなければなりません。そして、その頂点的な中心としての主の日礼拝に向かって、すべての生活を整えるべきです。

9　公的礼拝の要素と順序

　使徒行伝2章42節には、最初のエルサレム教会の状態について、「一同はひたすら、使徒たちの教(おしえ)を守り、信徒の交わりをなし、共にパンを割き、祈(いのり)をしていた」と記されています（使徒2：46、20：7参照）。これより、使徒時代における公的礼拝が、使徒たちの教え（聖書朗読と説教）、祈り、パン割き（礼典）を含んでいたことが知られます。これらは、キリスト教会の初めから公的礼拝の基本的要素とされていました。

使徒時代には、特別なものとして、預言、異言がありましたが、後の時代にはこれは止みました。

これらに加えて、詩篇を歌い、讃美をすることがありました（Ⅰコリント14：26、エペソ5：19、コロサイ3：16）。ビテニヤの総督小プリニウスがトラヤヌス帝におくった手紙には（112年頃）、「彼らは、定まった日の日の出前に定期的に集まって、神に対するようにキリストに対して歌をうたい、共に誓いをたてて、あれこれの犯罪を犯さず、むしろ盗み、殺し、姦淫、偽証、貪りをしないと誓う。そこで一度散会し、共同の食事のために再び集まる習慣である」とあります。ここから、主の日の礼拝に、何らかの形の讃美がなされたことを知るとともに、十戒の朗読があったことも示唆されています。

「自分の口で、イエスは主であると告白し」という言葉や（ローマ10：9、10）、「あらゆる舌が『イエス・キリストは主である』と告白して、栄光を父なる神に帰するためである」というピリピ人への手紙2章11節の言葉は、礼拝という具体的状況の中での信仰告白として捉えられるべきであると考えられます。主の日の礼拝において、キリストを主と告白する信仰告白がなされていたことを示唆しています。『十二使徒の教訓』14章1節では、「聖餐による主の日の祭事」として、主の日に罪の告白をすべきであるとしていますが、これは、特に聖餐に関して、信仰の告白とともに罪の告白がなされていたと推測されます。

さらに、コリント人への第一の手紙16章2節より、主の日の礼拝に献金がささげられていたことを知ります。

礼拝は、祝祷（福）または頌栄で終わりました。祝祷（福）については後述します。（ガラテヤ6：18、ピリピ4：23、Ⅰコリント16：23、黙示22：21、Ⅱコリント13：13参照）。新約聖書の中にでてくる多くの頌栄は、礼拝に由来したものと考えられます。その中、祝福を主とし

たもの（ローマ1：25、9：5、Ⅱコリント11：31、Ⅱテモテ4：18、エペソ1：3）と、栄光を主としたもの（ローマ11：36、ガラテヤ1：5、ピリピ4：20）があります。

　以上からして、公的礼拝の要素として、聖書朗読、詩篇と讃美、祈祷、説教礼典、献金をあげることができましょう。

　公的礼拝の諸要素の順序について、改革派教会の場合、各教会の自由に委ねられています（式文の中には礼拝順序についての範例が示されています）。

　礼拝の順序についての基本的原理としては、神の恵みの啓示に対する人間の信仰と服従、感謝の応答が、聖書的論理的に配列され、常に神の恵みのみわざの先行性が明らかにされるべきです。そして、礼拝の諸要素がバラバラでなく、有機的統一をもって、礼拝の本質である「イエス・キリストによる神と人との会見」ということを具現していくべきです。

　礼拝は、基本的には、神の招きに対する讃美と告白をもって始まり、聖書朗読、牧会祈祷、説教に続いて、感謝と献金が行われ、讃美がその中に適当に組み入れられて、頌栄および祝祷（福）をもって終わるのが適当でしょう。

　参考として、礼拝の順序を考えてみます。

1. 招詞（詩篇95：1-6、100篇）
2. 讃詠
3. 十戒
4. 開会祈祷・主の祈り
5. 聖書朗読（旧約と新約）
6. 信仰告白（使徒信条、その他）──神の言葉の啓示に対する教会の告白として

7. 牧会祈祷（洗礼式）
8. 讃美歌
9. 説教
10. 祈祷
11. 讃美歌（聖餐式）
12. 献金 —— 神の恵みに対する感謝の応答として
13. 頌栄
14. 祝祷（福）

10　公的礼拝の諸要素（一般）

(1) 聖書朗読

（ネヘミヤ8：1-12、ルカ4：16、使徒13：15、15：21、コロサイ4：16、Ⅰテモテ4：13、黙示1：3、ユスティニアヌス『第一弁証論』〔前掲〕）。

聖書朗読は、公的礼拝に不可欠の要素です。聖書朗読において、神は説教よりももっと直接的に民に語ります。

聖書朗読の個所は、説教と関連のあるところが、礼拝の統一性を示す上で適当ですが、単に説教のテキストの紹介というのではなく、聖書朗読そのものが礼拝の独立した要素であることを理解しなければなりません。

現在、多くの教派で用いられている教会暦は、第4世紀頃に確立された礼拝における聖書朗読のあり方を伝えていますが、それによるとだいたい旧約聖書一箇所、新約聖書二箇所（福音書と書簡）からなっています。そして、二年から三年の周期で、礼拝で聖書の主要箇所を朗読する

ように整えられています。

昔、聖書の入手が困難で、文字の読めなかった人が多かったとき、礼拝における聖書朗読は現在よりも遙かに重んじられていました。

(2) 祈祷

(礼拝における祈祷について、マタイ6：5-13、ルカ11：1-13、使徒4：42、12：5、13：3、ローマ8：26、27、ピリピ4：6、コロサイ4：2、Ⅰテサロニケ5：25、Ⅰテモテ2：1-3、ヤコブ1：5-8、5：13-16、Ⅰペテロ3：7、4：7、Ⅰヨハネ3：20-22、5：14、15、黙示8：3-4など参照。また、祈祷の実例として、列王上8：22-53、使徒4：23-30、エペソ1：15-23、3：14-19参照)。

公的礼拝における公的祈祷には、開会の祈り、牧会（会衆）の祈り、説教後の祈りが含まれます。

礼拝は、開会の祈りをもって始められます。この祈りでは、特に礼拝における聖霊の臨在と力が求められます。

説教の後の祈りは、通常説教の内容に関係させられ、説教のメッセージへの応答を主とするのが適切です。

牧会的祈祷は、説教の前になされるのが普通です。司会者は、会衆を代表しているのであって、個人的祈祷ではありません。祈るのは会衆全体です。個人的事情に左右されないで教会全体の祈りであるように、この祈りのためには特に準備が必要です。そして、牧会的祈祷には、頌栄、感謝、罪の告白、罪の赦しの祈願、その他の祈願、執り成しなどの諸要素が包括的に含まれるべきです。

礼拝における主の祈りのリタージカルな（祈祷文的）用例は、きわめて初期にまで遡ることができます。ローマ人への手紙8章15節やガラテヤ人への手紙4章6節における「アバ、父よ」という表現は、主の祈りの「天にまします我らの父よ」と対応しており、礼拝において主の

祈りが用いられたことを示唆しています。『十二使徒の教訓』では、主の祈りは一日三度せよといわれています（8章）。

初期においては、主の祈りは、信者の祈りとして（クリソストムは、信者でない者は神を父とよぶことができない、といっています）、洗礼志願者に受洗の少し前に教えられました。そして、特に、主の晩餐のときに、この祈りが繰り返して祈られました。それは、第四の祈願「我らの日用の糧をきょうも与えたまえ」に関連して、霊の糧を思うべきであるとされたからです。

ギリシャ教会においては、全会衆がこれを祈りましたが、ラテン教会では司祭のみによって祈られ、スペインでは、各祈願毎に会衆がアーメンをもって答えたといいます。プロテスタントの礼拝における主の祈りの祈祷文的用法は、ローマ教会より受け継がれたものです。

主の祈りを、礼拝で祈祷文的に用いることの可否は、この祈りが本来どのような意図に従って与えられたかによって答えられるべきです。ルカによる福音書11章1-4節（マタイ6：9-13）によれば、弟子たちは主に対して祈祷のフォーム（形式）を教えてくださいと願ったのです。主はこれに答えて祈りの指針、規準として、このような形（フォーム）の祈りを教えられました。「だから、あなたがたはこう祈りなさい」（マタイ6：9）という主の言葉は、主の祈りが祈祷のフォームとして用いられることを意図したものということができます。しかし、主の祈りの反復使用が、内実を伴わない無意味な唱和に堕してしまわないように、警めなければなりません。

礼拝の祈祷にはもう一つ、式文祈祷と自由祈祷という問題があります。祈祷文を用いることの利点は、個人的要素に左右されない客観性があり、その祈りの言葉の選択と精神において、教会が世々積み重ねてきた経験と知恵が美しく表現されているということです。また、その欠点は度重

なる反復による形式化であり、聖霊の導きによる自由を抑圧してしまうということです。自由祈祷はこれに対して、聖霊の導きに応じる全き自由をもつが、祈祷者の人間的弱さに左右されやすいものです。祈祷文に拘束されない自由祈祷の立場に立つ教会は、式文祈祷と自由祈祷の長所・欠点をそれぞれ勘案して、自由祈祷の場合にも、祈祷を思いつきによる即席なものとせず、周到な準備を心がけなければなりません。聖霊の自由なる導きは、決してゆきあたりばったりの無準備というものではないはずです。

司会者は、「聖書に精通し、祈りに関する最良の文書を研究し、瞑想により、また神との交わりの生活によって、祈りの精神と賜物とを受けるように励まなければならない」（日本キリスト改革派教会「礼拝指針」第18条〔註〕）といわれています。

説教の準備と同様に、聖書朗読と祈祷についても、周到な準備が要求されます。こうして、礼拝全体が神の栄光と恵みを仰ぐものとなるのです。

(3) 信仰告白

信仰告白（たとえば使徒信条）を、聖書朗読の後、神の言葉の啓示に対する教会の信仰告白として、会衆全体の斉誦（せいしょう）をもって行うことは、心理的にも論理的にも適切なことです。会衆全体による斉誦は、これが礼拝における教会の働きであることをよく表明し、会衆に信仰の貴重な伝統を思わせることによって（ユダ4）、その信仰と聖書の教理体系全体を自覚させるとともに、未信者に対しての証しともなるのです。

――――――――――

〔註〕 現行「礼拝指針」第7条、第8条「司式者は、祈りや礼拝で使用する聖書個所朗読のために準備し、その役割を心に留める」。「司式者は、神への畏れ、真実、敬虔を保ち、慎しみをもって司式を行なう」。

使徒信条の他に、公同信条及び各教会の信条も用いられるように、礼拝的用途を考慮した訳文編集の工夫などがなされるべきでしょう。

⑷ 説教

み言葉の説教は、礼拝における神から民への働きとして、任職された教師がこれにあたります。聖書の中で救いのために知り信じ守る必要のある事柄は、通常の手段を正当に用いれば、普通の人は誰でも救いに充分な理解に達することができる（聖書の明白性）ということを信じつつ、単なる聖書朗読のみでなく、聖書が解き明かされることによって、み言葉は「今、ここに」に立つ会衆の中に解釈され、適用されるのです。み言葉の説教によって神は罪人の心に働き、信仰によって彼らを救われます（ローマ1：17）。このような目的をもつ説教は、礼拝の中心であるということができます。

神は、説教を通して、ご自身の恵みのみ旨とわざを、神の民に伝えられます。み言葉と聖霊において、神は民の中に臨在し、民に語られます。

み言葉の説教は、礼拝の中心ですが、他の礼拝の要素から孤立しているのではありません。説教をいつも教会の礼拝という具体的な場の中で捉えなければなりません。礼拝の他の要素から切り離して、説教のみを取り出してしまうのは正しくありません。説教と礼拝の他の要素とは、有機的統一を保って、礼拝の本質を具現するものです。

宗教改革者たちは、礼拝のとき朗読される聖書の一箇所をとって、その解き明かしをしました。宗教改革時代、聖書朗読はだいたい連続的に行われたので、説教もまた連続講解の型をとりました。これは、聖書知識の乏しい時代にはふさわしい方法でした。やがて、後には主題に基づく説教の型が取り入れられてきましたが、説教の形態がどのようなものであれ、説教は常に礼拝の中心とみなされてきています。

礼拝に参与することを、説教を聞くと表現するのも、礼拝における説

教の重要性を考えれば理解できることです。しかし、説教は単なる宗教的講話でもなく、聖書の講義でもありません。説教を語り、聞くことにおいて、教会は、キリストの恵みの臨在と祝福をおぼえて、信仰をもって応答するという礼拝の本義に導かれるのです。

(5) 詩篇と讃美

（礼拝における讃美について、出エジプト15章、民数21：27-30、申命32章、士師5章、列王下3：15、歴代上15：16-22、ネヘミヤ12：27、マタイ26：30、使徒16：25、Ⅰコリント14：15、26、エペソ5：14、19、コロサイ3：16、Ⅰテモテ3：16など参照）。

公的礼拝において、詩篇をもって神を讃美することは、①詩篇が神の霊感による言葉であること、②通常の讃美歌よりも神中心であることなどの理由によって、積極的に奨励されるべきです。カベナンター教会は、ピューリタンの伝統に立って、公的礼拝においては、詩篇をもってのみ神を讃美すべきであるという強い主張をもっています。しかし、カルヴァンも詩篇を公的礼拝の讃美に用いることに熱心でしたが、詩篇だけに限るというわけではありませんでした。

詩篇に加えて、讃美歌を公的礼拝の神讃美に用いる根拠として、次の諸点をあげることができます。

①公的礼拝における祈祷との類比。礼拝における祈祷は、聖書における神の言葉だけに限定されません。祈祷者は自己の言葉をもって祈ります。讃美は祈祷の根本的な要素であり、聖書でもしばしば同義語として用いられています（詩72：20）。したがって、礼拝における讃美だけを詩篇に限定するということは、首尾一貫性を欠くことです。

②啓示の進展性。啓示の進展性という点からいって、新約の教会の民が旧約の讃美にのみ限定されることは不自然です。新約の恵みの豊かさは、新しい形式と内容をもって讃美されるのがふさわしいことです。

③歴史的論証。テモテへの第一の手紙3章16節やエペソ人への手紙5章14節は、ギリシャ語の韻をふんでいるクリスチャンの讃美歌と考えられます。使徒時代のクリスチャンは、独自の讃美歌をもって神を讃美していたのではないでしょうか。小プリニウスが2世紀初めのビテニヤのクリスチャンのことを書いた手紙の中にも、彼らは「神に対するようにキリストに対して歌を歌い」といっています。また、ヨハネの黙示録における天上の幻において、新しい歌が歌われているのも（黙示5：9、14：3、15：3）、初代教会の礼拝における讃美と関連があると考えられます。

　カベナンター教会の主張の聖書的根拠とされるのはエペソ人への手紙5章19節、コロサイ人への手紙3章16節における「詩と讃美と霊の歌」が、皆詩篇を意味しているということです。「詩」プサルモス、「讃美」ヒュムノス、「霊の歌」オーデー・プニューマテコスは、決して詩篇と讃美歌とスピリチュアル・ソングという意味ではなく、ギリシャ語訳旧約聖書ではみな「詩篇」をさしている語です。プサルモスは、もともとは弦楽による歌で、ギリシャ語訳旧約聖書ではミズモールの訳として用いられ、新約では詩篇を意味しています。唯一の例外があるとすればコリント人への第一の手紙14章26節で、ここでは旧約の詩篇ではなくて、新しい歌をさしているとも考えられます。もしそうであるとすれば、公的礼拝で讃美歌を歌うという問題は解決します。

　「讃美」ヒュムノスは、神を讃美する歌のことで、ヘブル語テヒリームの訳として用いられています。テヒリームは、詩篇全体に対するヘブル語聖書の名称です。マタイによる福音書26章30節で、主イエスが最後の晩餐の終わりで「さんびを歌った後、オリブ山へ出かけて行った」とありますが、この「さんび」テヒリームは、過越のとき歌われた詩篇113篇から118篇までででしたでしょう。

「霊の歌」オーデー・プニューマテコスは、ヘブル語シールの訳で、一般的な意味の歌でやはり詩篇に対して用いられています。

ある解釈では、「霊の歌」の「霊の」は「歌」にだけかかるのではなく、「プサルモス」と「ヒュムノス」にもかかるものとし、これを「霊感された」という意味にとって、ここでは「霊感された詩と讃美と歌」をもって神を讃美することが命じられているとするけれども無理でしょう。しかし、ギリシャ語旧約聖書において、これら三つの語はそれぞれ「詩篇」を示す三つの異なった語であることは確かで、一般的には、これらはみな旧約の詩篇をさすと考えられます。

しかしコロサイ人への手紙3章16節では、「詩とさんびと霊の歌」とをもって神をほめたたえるということが、キリストの言葉と関連させられているので、これは新約啓示に関係して考えられているということができます。

結論的にいえばこれらの章句は必ずしも公的礼拝における讃美を直接的に扱ったものではありませんから釈義的に、公的礼拝において、詩篇以外をもって讃美をしてはいけないという決定的論証をここから引き出すのは無理でしょう。

しかし、詩篇とともに讃美歌をもって神を讃美することが聖書的な礼拝形式であるとしても、讃美歌の選択と歌唱に対しては、それが礼拝の精神と一致し、福音の真理にかなうものであるように周到な配慮が望まれます。

聖歌隊や独唱を公的礼拝のプログラムにいれることの可否については、公的礼拝における讃美は、会衆全体の信仰による讃美の自覚的表明であるという基本的原理から考えられねばなりません。旧約の神殿礼拝においては、聖歌隊が認められていました（歴代上9：33）。しかし、旧約の礼拝は新約の礼拝より代理制の原則が強いということを忘れてはなり

ません。ただ、会衆の祈祷が、司式者によって祈られるとき、会衆全体が祈っているというのと同じ意味で、会衆の代表として、会衆が共に歌うという意味で、特別な讃美を認めうるのでしょう。したがって、独唱者、聖歌隊員、指導者の信仰と人格についても深い考慮が払われねばなりません。集会をこの世的に魅力あるものにするためであったり、神を讃美するよりも人の名声を目的とするものであったりしてはならないのです。

要するに、讃美は、公的礼拝における会衆の行為ですから、会衆からこれを奪い、これにとってかわるような仕方のものは認められないのです。

カベナンター教会のもう一つの強い主張は、公的礼拝において、オルガンやピアノなどの器楽の使用は聖書的でないということです。旧約の神殿礼拝において、器楽が用いられたことは、歴代志上16章4-6節、23章5節、25章より明らかです。カベナンター教会は神殿礼拝における器楽の使用は、旧約の儀式礼拝の要素として行われたものであるゆえに、ペンテコステ以後の新約の霊的礼拝には適用されないとします。さらに、「聖書において認められていないことは、禁じられている」という改革派的礼拝原理に立って、公的礼拝における器楽の使用はキリストによって命じられておられないと主張します。

大部分の改革派・長老派教会は、18世紀以降、公的礼拝における器楽の使用を認めています。彼らは、礼拝における器楽の使用は、礼拝の本質にかかわらない外的な「事情」に属することと考えます。ウェストミンスター信仰告白第1章6節が認める、「神礼拝と教会統治に関しては、常に守られなければならないみ言葉の通則に従い、自然の光とキリスト教的分別とによって規制されなければならない、人間行動と社会に共通のいくつかの事情」の一つとします。そして、旧約の神殿礼拝における

器楽の使用は、儀式礼拝のもとに行われたけれども、それは旧約の礼拝における霊的な要素の強調に資したものであり、旧約よりもより多くの自由を有する新約の霊的礼拝に用いることは、可能であり当然とします。シナゴグにおける公的礼拝においても、器楽はおそらく用いられていたと考えられます。

　(6) 献金

　(献金については、申命 16：17、レビ 22：2、21、詩 96：6、マラキ 1：7-10、使徒 20：35、Ⅰコリント 16：1-2、Ⅱコリント 9 章、ヘブル 13：16 参照)。

　献金は、感謝、献身のしるしとして、礼拝における教会のわざです。初代教会では聖餐式の折、ささげものをなし、執事がそれを管理してその働きのため用いました。礼拝の順序としては、説教の後に、恵みの啓示への応答として行うのが適当です。

　十分の一献金についての日本キリスト改革派教会の立場は次のようです。「旧約聖書の十分の一献物は多くの献物の一つであって全部ではない。十一献金を制度化することには聖書的根拠がたりない。十分の一献金は教会がシナゴグから受けついだ一つの献金標準であったと考えられるが、新約聖書はむしろ献金本来の精神を闡明(せんめい)して、キリスト者たるものは常に能う限り献金に励み、また祈りにも、伝道にも、礼拝参加にも、すべての面で教会の奉仕に励まなければならないことを強調的に教えている。我らもまた十分の一献金を制度化するよりも、十分の一以上に〈力に応じて〉また〈力以上〉に献金すべきことを強調すべきであると思う」(第 14 回大会)。

　献金は、①計画的に、②収入に応じて(申命 16：17、Ⅰコリント 16：2)、③犠牲的にしかも喜んで(Ⅱコリント 11：7-19)、④神の賜物の管理者として(申命 8：17、18)、⑤各人が(Ⅰコリント 16：2、ルカ

21：1-4)、⑥豊かに（Ⅱコリント9：6)、⑦最上のものを（レビ22：2、21、マラキ1：7-10）なすべきです。

献金は、み言葉の教えですから、正しい信仰による献金をもって神礼拝ができるよう、献金について聖書に基づいて説教することが肝要です。

(7) 祝祷

祝祷は、挨拶の中の祝福の言葉（Ⅰコリント1：3）とは異なり、公的礼拝の終わりに、神の民に対してなされる祝福の宣言です。

祝祷の性質については三つの見解があります。(1)は、ローマ・カトリック教会やギリシャ正教会の立場で、司祭が神の名によって祭司的祝福そのものを与えるのが祝祷であるという主張です。(2)は、祝祷は、祝福を願う祈りであるという見解です。「主イエス・キリストの恵みと、神の愛と、聖霊の交わりとがわたしたちと共にあるように」という表現をとります。祝祷者は、会衆と共に会衆を代表して祝福を祈り願うのです。(3)は、祝祷は、キリストとの契約的交わりにある神の民に対して、聖霊が伝える霊的祝福の宣言が祈祷の形をとったものであるという見解です。(1)では、この宣言によって祝福そのものが与えられるのですが、(3)では、聖霊が祝福を与えているという事実を宣言するというのです。これは、「あなたがた一同と共にあるように」という表現をとります。この場合は(2)と違って、神の民への祝福の宣言として、神の側からの行為となります。祝祷者は、神の側に立って、会衆に対して祝福を宣言するのです。

最もよく用いられる祝祷は、大祭司的祝祷（民数6：24-26）と使徒的祝祷（Ⅱコリント13：13）です。しかし、祝祷にはいろいろ変わった型があります（Ⅰコリント16：23、ガラテヤ6：18、ピリピ4：23、黙示22：21、ピリピ4：7、Ⅰテサロニケ5：23）。

礼拝は頌栄をもって閉じることも充分認められることですが、祝祷は

頌栄と混同されてはなりません。頌栄は神の民の祈りです。礼拝ではしばしば用いられる頌栄として、ユダの手紙24節、ヨハネの黙示録1章5-6節があります。またヘブル人への手紙13章20-21節は、頌栄と祝祷が一つになっているものです。

聖書は、祝福のとき手をあげることを記述しているので（レビ9：22、ルカ24：50）、祝祷のときには手をあげてするのが一般的です。

祝祷は、大祭司、使徒によって与えられたものですから、神の教会においてみ言葉の説教者として正式に立てられた者が、公的な資格で、会衆の公的な集会に対して与えられるべきものとされています。

(8) 礼典

説教とともに、礼拝において重んじられているのは礼典です。礼典は、「見える言葉」として、キリストの福音を、人間の感覚を通して伝えます。洗礼における水とその注ぎ、聖餐におけるパンとぶどう酒が、信仰する者に、キリストの恵みを伝え、神の契約を印証するのは、聖書に記されているように、キリストがそのように制定されたからです。キリストの制定と聖霊の働きなしには、礼典で用いられる品は単なる物質にすぎません。それゆえに、礼典はみ言葉から切り離されてはならないのです。み言葉の教えから切り離された礼典は、魔術的な迷信と堕してしまうでしょう。

礼典は、み言葉との結びつきのゆえに、また福音の確証として、教会において任職されたみ言葉の教師が、公的職務として行うべきです（マタイ28：19）。

a　聖餐式

聖餐式は礼拝の本質的な要素として、初めから重んじられてきました。初代教会では毎夕行われたと思われますし、のちには毎聖日の礼拝ごとに行われていました。カルヴァンが、毎主日の聖餐式を主張しながら、

ジュネーブの市議会の反対で実現を阻まれたことはよく知られています。結局カルヴァンも、毎主日行うことによって、かえって人間の弱さのゆえに、この礼典が軽視されるということを認めざるをえなかったのです。現在では、「聖餐すなわち主の晩餐は、しばしば守られなければならない」（日本キリスト改革派教会「礼拝指針」〔第 70 条〕）という点で一致しています。そして、毎主日か毎月か、隔月か年四回か、いろいろ実情がありますが、それはすべて各教会の小会の判断に委ねられています。

聖餐式の問題は、教会史的にみれば、礼拝における主キリストの臨在の問題と深くかかわっています。説教においてキリストの恵みのみ言葉を聞いた神の民は主の晩餐において、感覚的にこの恵みを印証され、主イエス・キリストの恵みの臨在を、他の兄弟たちとともに味わうのです。

16 世紀の宗教改革時代における聖餐論争の真の問題点は、主キリストが聖餐式にどのような仕方で臨在なさるかということでした。礼拝の本質の項でみたように、主キリストの現臨在は礼拝の本質にかかわる生命的な問題です。キリスト不在の礼拝は、キリスト教礼拝ではないのです。宗教改革者たちは、この本質的問題を、ローマ・カトリック教会のミサ改革という点で捉えたのです。ローマ・カトリック教会のミサにおけるキリスト臨在の仕方は物理的です。神性化体説といわれるように、パンとぶどう酒は司祭の聖別の言葉によって、キリストの肉と血に変化するのです。そこにあるのは、単なるパンとぶどう酒ではなくて、キリストご自身とされます。ルターの立場を示す共在説は、場所的臨在の概念です。ルターは、ローマ・カトリックの見解は迷信であると退け、パンとぶどう酒は実質的に変化しないで、それらとともにキリストのからだが共在するとしました。これら二つの見解において、聖餐式に主キリストが全人格において臨在するということが主張されていますが、キリストの人性を身体的に考えるところに誤りがあります。カルヴァンに

とって、聖餐式におけるキリストの臨在は霊的臨在ですが、全キリストが臨在されるのです。パンとぶどう酒が目に見える形で存在していると同じリアリティーをもって、それが象徴するキリストは霊的に臨在されるのです。この臨在のキリストは、その肉と血をもって贖ってくださった恵みを、神の民に伝えられます。その見える形態として、パンとぶどう酒の式を制定されました。目に見える形式の奥に、霊の現実を見なければなりません。それはみ言葉に従う信仰の眼です。

したがって、聖餐式に与(あずか)るには信仰が要求されます。さらに、信者はこのために心の準備をしなければなりません。「この礼典を執行する場合には、少なくとも一回前の主の日に予告し聖餐の性質を教え、適当な準備をもって陪餐できるように、すすめなければならない」（日本キリスト改革派教会「礼拝指針」）とされています。

聖餐式に招かれる人々の範囲について、三つの立場があります。(1)は、非公開的で（Close Communion）、その各個教会の教会員だけに陪餐を限定するものです。(2)は公開的で（Open Communion）、自らをクリスチャンと考えている人には誰でも陪餐を許します。陪餐を決定するのはその人に委ねられるわけです。(3)は、制限的で、この両者の中間の形態をすべて含みます。非公開的聖餐式では、その教会が他の教会とともに、一つのキリストのからだなる教会の肢であるという真理が、よく表明されませんし、(2)はルーズにすぎて、異端的信仰や腐敗的生活で戒規をうけている他教会の人々も陪餐して、かえってキリストのからだを汚すということになりかねません。日本キリスト改革派教会では、「福音主義諸教会の列席陪餐会員を招く」として、(3)の立場をとっています。他教会の会員で、陪餐を希望するものは、予め小会に申し出て陪餐の認可をうけるという方法が望ましいと思います。

聖餐式に用いるパンは、種入れぬパンでなければならないかどうかは、

東方教会と西方教会の見解が分かれたところです。イエスが用いられたのは種入れぬパンでしたが、これより新約の教会が聖餐式で種入れぬパンを用いねばならないという結論はでてきません。種入れぬパンは明確に旧約時代に属しています（Ⅰコリント5：7-8）。

また、ぶどう酒を用いるべきか、ぶどう液を用いるべきかも時に問題になりました。イエスはぶどう酒を用いられましたが、要はぶどうの実から造られたものということです。

聖餐式は見える教会においてのみ執行さるべきです。クリスチャンの任意団体などで聖餐式を行うことは本来の意図にそむきます。病人などの場合、家庭で行うときがあっても、教会がそこに存在しているべきです。

b　洗礼式

洗礼も、任職されたみ言葉の教師が、み言葉の教えに基づいて、教会において執行します。洗礼執行は、み言葉と結合して行わるべきです。教師は、洗礼について教え、勧めをなし、また誓約を求めます。

洗礼は、教会において、公的礼拝の中で行われるべきです。この場合、大切なことは、物理的な場所としての教会堂ということ以上に、霊的な場としての教会です。病床その他の場所で行われなければならないときでも、洗礼は教会（会衆）で行わるべきです。バプテスマは、一つなるキリストのからだに結合されたことを象徴する儀式ですから、特にこのことをおぼえねばなりません。

洗礼をうける資格のあるものは、成人の信者と契約の子らです。

洗礼をうけるための条件は、イエス・キリストを神の子・主と信じ告白することですが、実はこれはキリスト教信仰のすべてを含んでいます。教会はその告白が受洗志願者によって真実に理解されているかどうか試問して確かめねばなりません。もちろん、人間は人の心の内を誤りなく

知ることはできませんが、言葉と生活に表される告白を調べることができます。救いの信仰は、ある程度の信仰の知識を含んでいます。どの程度かは一概にいえない点もありますが、聖書が神の言葉であること、神が唯一であること、キリストが神にいますこと罪の自覚と悔い改め、キリストの贖いのみわざに依り頼むことなどが、理解されていなければなりません。使徒信条、十戒、主の祈りについての基本的理解をもっていることが必要でしょう。救いの信仰は、キリスト教教理の知的承認にとどまるものではなく、キリストへの人格的信頼にあり、生活においてその真実性が証しされなければなりません。救いについての完全な確信をともなう必要はありませんが、キリストを信仰するという告白が必要です。

　両親または片方の親（Ｉコリント7：14）がクリスチャンである信者の子らは、契約の子として、神の恵みの契約のしるしである洗礼をうけることが聖書の教えです。新約聖書には、全家族の洗礼がしばしば記録されています（使徒2：39、16：15、33、Ｉコリント1：16）。それに幼児が含まれていたという明白な記事はありませんが、当然考えられることです。幼児に洗礼を施せという明文はなくとも、聖書全体を通じて神の恵みの契約は一つであること、旧約における恵みの契約への入会の礼典は、割礼であって、これは生後八日目の幼児に施されたこと、旧約の割礼は新約で洗礼に代わったこと（コロサイ2：11、Ｉコリント12：13、ローマ4：11）などを考えれば、幼児洗礼は聖書の命じる明らかな教理です。

　幼児洗礼の時期は不必要に延期すべきではありません。バプテスマによる再生を主張するローマ・カトリック教会では生後直ちに幼児洗礼を行いますが、母親が幼児を連れて教会の礼拝に出られる時期が適当でしょう。

原罪をもって生まれた幼児は、その生涯の初めから救い主キリストを必要とするものとして、彼らの全人格の救いに対して、教会と両親は神の前に責任と義務を自覚し、彼ら自身が救いの信仰へと導かれるようにとの祈りをもって、厳かな誓約をたてるのです。

　洗礼の様式について、浸礼、灌礼、滴礼の三つがあります。浸礼は全身を水中に浸す方法、バプテスト派はこれが聖書的に唯一のバプテスマの様式であると主張します。バプテスト派の主張の根拠の一つは、バプティゾーというギリシャ語原語が「浸す」という意味をもっているということです。しかし、聖書学者によれば、バプティゾーは必ずしも「水の中に浸す」という行為を表すのではなく、あるものが水の中にある状態を示しているのであって、その状態は浸すことによって生じたのか、またはそのものに水をかけることによっておこったのか、その様式そのものを規定しないといいます。バプティゾーは確かに浸すという意味をもっていますが、常にその意味しかもたないということではありません。さらに、ローマ人への手紙6章1—11節で、バプテスマはキリストと共に死に甦ることを表象するとされますが、浸礼が最もよくその意味を表明するといわれます。確かにそういう点がありますが、これは必ずしも洗礼の様式に関係しません。

　改革派・長老派教会の立場は、決して浸礼否定ではなく、浸礼が唯一の洗礼の様式ではないというのです。使徒時代においても、浸礼が行われたに違いありませんが、それのみが行われ、それ以外の様式は洗礼とはみなされなかったというのではありません。使徒がエルサレムで三千人にバプテスマを施したとき（使徒2：41)、パウロが洗礼をうけたとき（使徒9：18)、コルネリオの家のものたちの洗礼（使徒10：47、48)、ピリピの獄吏の家のものたちの洗礼（使徒16：33）などは、浸礼とは考えられません。聖書における洗礼の意味は、水の注ぎによって罪の洗

い清めを象徴するということで、水の量の多少がその意味を左右するものではありません。教会史において、幼児洗礼が広く行われるようになってから、滴礼がより一般的な洗礼様式となりました。

洗礼のときは、「父と子と聖霊の名によってバプテスマを授ける」というマタイによる福音書 28 章 19 節の言葉が用いられます。これは単に、神の命令、または神の権威によってバプテスマを施すという意味ではなく、神の名、すなわち、三位一体の神の人格に結合させるという人格的結合を意味しています。したがって聖餐と異なって、バプテスマは生涯にただ一度だけで、繰り返されることがありません。バプテスマの妥当性は、授洗者の真実性を超えて、キリストの制定と聖霊の働きに依存するのです。改革派・長老派諸教会では、キリストの教会の統一性を認めるものとして、もしバプテスマが、任職された教師によって、キリストの教会において、三位一体の名によって行われたものであるならば、受洗者はキリストのからだなる教会につながれたものとみます。宗教改革時代においても、改革派教会はローマ・カトリック教会のバプテスマを認めました。

再洗礼を支持するとみなされる新約聖書の唯一の個所は、使徒行伝 19 章 1–5 節です。ここでは、ヨハネの名によるバプテスマを受けた人々が「主イエスの名によるバプテスマを受けた」とあるのです。使徒たちもヨハネのバプテスマを受けていましたが、再洗礼のことは彼らにはおこりませんでした。ペンテコステで聖霊を受けたことが、ヨハネのバプテスマの予備的性格を、キリスト教洗礼の完全な性格に完成させたものと考えるべきです。ところが、これらエペソの弟子たちは、このようなペンテコステ的な聖霊の賦与をうけていなかったのです。彼らにはバプテスマの完成のためこのことが必要でありました。しかし、彼らは、クリスチャンとみなされていました。もしそうでないならば、彼らがう

けたのは再洗礼ではないわけで問題は解消します。しかし、彼らは「弟子たち」（ルカがクリスチャンに対して一般に用いる言葉）とよばれ、また「信仰に入ったときに」といわれていますから、彼らがクリスチャンとして取り扱われていることは明らかです。ヨハネのバプテスマだけしか受けていなかったエペソの十二人の兄弟たちに、聖霊によるバプテスマの完成が必要であったとして、なぜここだけに再洗礼とみられることが行われているのか、なぜ按手だけでよくなかったのか、難しい問題です。カルヴァンは、このバプテスマを按手ととります。聖霊の賜物のことをバプテスマといっているのであって（使徒1：5、11：16）、19章6節と19章5節は同じことをさしているといっています（『綱要』Ⅳ・15・18）。

11　公的礼拝の諸要素（特別）

(1) 信仰告白式（堅信）

　教会にとって、幼児洗礼以来契約の子として訓練したものが、分別ある年齢に達して、その信仰を公に告白し、教会の陪餐会員となることは、大きな喜びであり、福音の確証です。また若い会員にとっても、主の教会の完全な一員となるときは、外的生活においてのみならず、その内面における大きな転機です。それゆえに、教会はすべての時代を通じて、信仰告白式を重視してきました。

　初代教会においては、按手は聖霊の賜物を受領するしるしとされていました（使徒8：14-20、Ⅱテモテ1：6）。テルトリアヌスの時代には、按手はバプテスマと結びつけられるようになっておりましたが、しかし、この両者の区別が段々と行われるようになりました。それは、異端のバ

プテスマをうけた人を正統的教会に受け入れるのに、按手のみを行うようになったからです。そして、洗礼は低位教職により、按手は監督（司教）の権限とされるようになり、按手が信仰告白式のとき行われるようになりました。この傾向は、ヒエラルキーの発展とともにすすみ、信仰告白式（堅信礼）は、秘蹟の一つにまで高められました（1274年リヨン公会議、1439年フレンツェ公会議）。これはまた油そそぎが行われたので、カリスマともよばれ、洗礼のとき受領した恵みの印証とされました。現在、ギリシャ正教会は、古習慣に近く、バプテスマの直後に堅信礼を行い、ローマ・カトリック教会では7歳頃行います。

宗教改革では、礼典の改革をして、堅信礼は礼典ではなくなりました。しかし、信仰告白式そのものは必然的なものとして残り、聖公会およびルター派教会では按手を行います。改革派・長老派諸教会では、信仰告白式に特別な儀式を付していません。カルヴァンは、堅信礼がバプテスマより貴いものとされる迷信に反対し、信仰教育の重要性を説いています。

(2) 任職式、就職式

教会の役員である教師、長老、執事は、任職されて就職します。これは使徒やその補助者たちがそれぞれの職務に任じられたことに起源をもちます（使徒2：26、6：6、13：2、3）。任職（ordination）は、これら三職の身分に任じられることであって繰り返されませんが、就職は、各職に与えられている権能を行使して奉仕するために、個別の職務につくことで、そのたびに行われます。

教会役員は、改革派・長老派諸教会においては、各教派で告白している改革派信条で示されている聖書の教理体系と教会規程に対してこれを守り信じる誓約が求められます。

教師の任職にあたっては、使徒的範例に従って按手が行われますが必

然的なものとはいえません（Ⅰテモテ4：14、Ⅱテモテ1：6）。上記の聖句は、教師任職に関すること以上については何もいっていないから、長老と執事の任職には按手はないとする意見もあります。

　教師の任職の按手に、治会長老も加わるか否かで、C・ホッジとソーンウェルとの間で見解が異なりました。ホッジは、宣教的権能の按手礼は、教師の霊的産出であるから、すでにこの権能を所有しているもののみによって与えられると主張しました。これに対して、ソーンウェルは、按手は議会権能によって行われるもので、治会長老も含むべきであるとしました。テモテへの第一の手紙4章14節「長老の按手を受けた時」は長老としての按手ではなくて、長老会議（プレスビテリオン）による按手という意味で、教師の任職按手について長老会議にふれていますが、プレスビテリオンには治会長老も構成員として加わっていたのです（ルカ22：66、使徒22：5）。

　日本キリスト改革派教会では、教師・長老・執事の任職は、長老議会の按手によって行われています。

おわりに

　教会の問題はすべて礼拝の問題に集約されるといって、いい過ぎではないでしょう。教会の改革の基点が礼拝であることは、宗教改革の例からも明らかです。

　礼拝が本当にあるべき姿において、聖霊の恵みに満たされるには、礼拝がすべての点で、「み言葉に従う」ものである、ということを固執することから始まると考えます。

　本書におきましては、礼拝の内実よりはむしろ、礼拝の形式の聖書的根拠を問うてきました。礼拝の形式の聖書性を問うことにおいて、礼拝の内実を問うているつもりです。わたくしたちにとって、礼拝の形式よりも内実が大切なことはもちろんです。主イエス・キリストのみ霊が生きて働きたまわない礼拝は、無意味であるばかりでなく、有害です。形式主義が、礼拝の内実を押し潰しているならば、わざわいです。

　しかし、礼拝がどんなに形骸化しているかということを指摘する以上に、わたしたちにとって必要なことは、礼拝の本質を真に具現していくのにはどうしたらよいかという方法です。礼拝の恵みは、神より賜るものです。神はみずからが「み言葉」において命じられた形式を通して、働きたまいます。神が聖書において、制定したもうた形式を無視するものはどうして神の祝福を期待できましょう。ここにおいて、礼拝の内容

と形式の問題は切り離すことのできない一つの問題であります。わたくしたちが礼拝の本質と要素の一つひとつを、真に聖書的に整えていく信仰の努力に対して、神の臨在の祝福は約束されています。礼拝の一つひとつの要素がまことに聖書に根拠づけられているという確信をもって、神を礼拝するとき、主イエス・キリストにおける神の臨在は豊かに示されるでしょう。礼拝についての聖書の教理のこの貧しい学びは、このような願いに支えられています。

　み言葉に従って、神がその民に語り、民が神に感謝の応答をささげるとき、「神、人とともに住みたもう」という恵みの契約の祝福が、礼拝に与(あずか)るすべての人のものとなるように願ってやみません。そのとき、人は天国をこのところに見るでしょう。

　そしてすべての人が、「ひれ伏して神を拝み、『まことに神があなたがたのうちにいます』と告白する」に至るでしょう。

あとがき

　吉岡実践神学がめざしたものとは何か。実践神学の領域のなかには、教会政治論、礼拝論　伝道論、そして、説教論が含まれるが、吉岡先生は、その四領域に関わる著作を公にされている（『教会の政治』[1972年、小峯書店]、『キリスト教会の礼拝』[1972年、同]、『実践的伝道論研究』[1996年、新教出版社]、『改革派説教学ノート』[2006年、同]）。これらの著作を概観すれば、その特質は、一言でいうと、「聖書的な改革派実践神学の構築」であったといえるのではないか。今回、再刊行された『教会の政治』『キリスト教会の礼拝』の叙述の特徴は、聖書から演繹した教説を明確にすること、しかも、それは改革派神学の中で位置づけるという意図で記されている点にある。各章、各項目で、吉岡先生は可能な限り引用聖句を抽出し、それを丹念に明示、列挙している。実践神学はその名のとおり、教会の実践と関わっている。それはまた教会の置かれている現状、現実、そして、教会が抱えている深刻な実態を捨象して語ることができない。となると、実践的な課題に引きずられて現実的な対処法の解明に走りがちである。そこでさまざまに実践されている成功例に着目してみたり、個人的な教会成長論に傾いたりする。あるいは、未熟な教職者・伝道者のための「手引書」の類に近い出版物を目にすることも多い。吉岡先生は、聖書的な改革派実践神学の構築という立脚点に立って、実践神学の各領域で、神学的思索を続けられた。つまり、聖書に立ち戻って、聖書から教会の実践について検討を加えることなしに、健全な教説は生まれることはないという一貫した確信に立って

所論を展開しようとされたのである。それこそが健全な教会形成にとって必要不可欠な条件だとみなされていたからである。聖書的な神学が改革派実践神学の基礎でもある。そして、改革派実践神学は、教理学的な基礎の上に建てられる。吉岡先生の著作からすぐさま認められるのは、ウェストミンスター信仰規準に明確にされた信条、教説に対する忠誠心である。この誠実さがなければ実践神学、ひいては教会の神学は成り立たないという確信が随所に見受けられる。この確信なしに教会は建てられることはない。これが吉岡実践神学を成り立たせている条件である。

　吉岡繁先生が神戸改革派神学校校長であったとき、その学恩に接したものの一人として、先生の存命中、先に召された忠海教会、根来泰治牧師と共に「吉岡繁著作集」の刊行を企画し、先生には著作一覧や説教原稿などの整理を願ったりしたが、出版社の都合もあって計画は結実しなかった。このことには今も慚愧の念に駆られていたが、このたび、吉岡繁先生の奥様である道子姉、そして、ご子息たち、吉岡有一兄、成二兄、豊兄の三兄弟が、絶版品切れになっている小峯書店版の『教会の政治』『キリスト教会の礼拝』を再刊して、改革派・長老派教会をはじめ、諸教会の教職信徒の学習のために貢献したいと願われ、一麦出版社、西村勝佳社長のご好意もあって、このような形で出版するに至ったことは幸甚の至りである。末尾ながら感謝をしたい。刊行にあたり、吉岡兄弟の了解を得て、引用聖書は日本聖書協会のいわゆる口語訳をそのままとし、本文も字句修正にとどめ、表現にはほとんど手を加えなかった。なお、本文中の〔註〕は筆者によるものである。本書が、堅実な教会形成に利することを切に願う。

　　2018 年 1 月
　　　　　　　日本キリスト改革派伊丹教会協力牧師　金田幸男

　　　　　　（＊吉岡道子姉は、2018 年 1 月 29 日召された）

著者紹介

1923年11月1日　松尾造酒蔵、きくの次男として神奈川県に生まれる
（父・松尾造酒蔵は、日本基督教団鎌倉雪ノ下教会牧師。当時は、日本基督鎌倉教会）
1943年　東京帝国大学入学
1943年10月　学徒出陣
　　　　11月　吉岡千代の養子となる（夫愛は、1938年に逝去）
1948年　東京大学文学部国史学科卒業
1953年　米国ウェストミンスター神学校卒業
　　　　十合道子と結婚
　　　　日本キリスト改革派仙台教会牧師に就任
1966年　東北大学大学院文学研究科博士後期課程 単位取得
1967年〜1975年　神戸改革派神学校校長
1975年　日本キリスト改革派仙台教会牧師　再赴任
1993年　定年により引退
2017年1月26日　召天（93歳）

著書
　『聖書信仰』宣教百年記念聖書信仰運動、1959年
　『教会の政治』小峯書店、1972年
　『キリスト教会の礼拝』小峯書店、1972年
　『日本基督改革派教会の伝統と信仰』西部中会文書委員会、1975年
　『実践的伝道論研究』新教出版社、1996年
　『緑のまきば』つのぶえ社、2004年
　『改革派説教学ノート』新教出版社、2006年
共著
　『学徒出陣の記録』中央公論、1968年
　『学徒出陣から50年』揺籃社、1972年
　共同出版『復刻・日本基督一致教会　信仰ノ箇条』教文館、2013年
訳書
　メイチェン『神と人間』聖書図書刊行会、1963年
　　　　　　　『キリスト教とは何か』いのちのことば社、1976年
　カルヴァン『キリスト者の生活綱要』つのぶえ社、1983年
編集
　西村徳次郎『キリスト教受難回想記』自費出版、2009年

教会の政治／キリスト教会の礼拝

発行
2018年7月26日　第1刷

定価
〔本体2,400＋消費税〕円

著者
吉岡繁

発行者
西村勝佳

発行所
株式会社　一麦出版社
札幌市南区北ノ沢3丁目4-10 〒005-0832
Tel. (011) 578-5888　Fax. (011) 578-4888

印刷
㈱アイワード

製本
石田製本㈱

装釘
須田照生

© 2018, Printed in Japan
ISBN978-4-86325-109-0　C0016　￥2400E
落丁本・乱丁本はお取り替えいたします.

——— 一麦出版社の本

長老制とは何か〈増補改訂版〉
澤 正幸

カルヴァンの聖書註解、『キリスト教綱要』、そしてカルヴァン神学の流れにたつ『フランス信仰告白』『ベルギー信仰告白』をとおしてなされた、長老制の原理的基礎的な神学研究によって、改革派教会の伝統における長老職にふさわしい視点から長老職を論じる。長老職の歴史的考察を土台としつつ、現実的な準拠枠を示す。

四六判　定価[本体1200＋税]円

長老職
―改革派の伝統と今日の長老職
ルーカス・フィッシャー　吉岡契典訳

神の言葉のもとで教会を治める働きとしての長老職の重要性とは。歴史的考察を土台としつつ、現実的な視点から長老職を論じる。長老職についての幅広くかつ今日的な学びに最適。

A5判　定価[本体2000＋税]円

執事職
―改革派の伝統と現代のディアコニア
エルシー・アン・マッキー　井上正之・芳賀繁浩訳

ディアコニアについて、改革派の伝統に歴史的・神学的に学ぶ。今日の教会のつとめとされるための具体的な方法を提示。改革派教会の伝統とともに今日的課題にも啓発されるに違いない。

A5判　定価[本体2000＋税]円

改革派教会
オリヴィエ・ミエ　菊地信光訳

ツヴィングリ、ブッァー、カルヴァンといった改革者の働きと神学が、信仰告白の内容として受け継がれ、次世代の教会・学校・社会へと発展した改革派世界の歴史を包括的かつ有機的に整理。改革派教会を知る極めて有益な書。

A5判　定価[本体2000＋税]円

ヨハネス・ア・ラスコ 1499—1560
―イングランド宗教改革のポーランド人
バージル・ホール　堀江洋文訳・解題

カルヴァンが理想とした長老制による教会訓練、国家権力とかかわりのないかたちの教会としての最初の「教会規程」がもちの改革・長老制をとる教会の源流がここにあり！日本の長老制をとる教会の源流がここにあり！

四六判変型　定価[本体2200＋税]円

信徒の手引き
日本キリスト改革派教会大会教育委員会著

私たちは聖書と時代からの問いかけにどのように応えるべきかを探求し、主のしもべとして生きる生活を築いてゆくための手引き。信仰の航路を導く灯台的な書。

四六判　定価[本体2200＋税]円

日本キリスト改革派教会宣言集
―附解題　日本キリスト改革派教会憲法委員会第一分科会

創立宣言から70周年記念宣言、四大公同信条と解題を収録。教会と国家、聖書、聖霊、予定、福音の宣教、伝道、そして福音に生きる教会、善き生活について、次代の教会形成と福音宣教の力として信仰の宣言を学びたい。

A5判　定価[本体2400＋税]円